Staats-

und

völkerrechtliche Abhandlungen.

Begründet

von

Dr. Georg Jellinek und **Dr. Georg Meyer,**

herausgegeben

von

Dr. Georg Jellinek und **Dr. Gerhard Anschütz,**

Professoren der Rechte in Heidelberg.

IV, 1. N. Th. von Gönners Staatslehre. Von Dr. Joh. Bapt. Koch.

Leipzig,

Verlag von Duncker & Humblot.

1902.

Nikolaus Thaddäus von Gönners Staatslehre.

Eine rechtshistorische Studie

von

Dr. Joh. Bapt. Koch.

Leipzig,
Verlag von Duncker & Humblot.
1902.

Pierer'sche Hofbuchdruckerei Stephan Geibel & Co. in Altenburg.

Inhaltsverzeichnis.

Einleitung.

Die Staatslehre der Naturrechtsphilosophie war infolge der glänzenden Neuformulierung, die Jean Jacques Rousseau in seinem contrat social (1762) ihr gegeben, an Bedeutung und Einfluſs neuerdings mächtig gewachsen, sie war in den letzten Jahrzehnten des 18. Jahrhunderts nahezu unbeschränkt herrschend geworden, dem Banne der ihr zugrunde liegenden Ideen war die Wissenschaft jener Zeit völlig unterworfen und auch Männer von der selbständigen Bedeutung eines Kant, Fichte u. a. vermochten ihrem Einflusse sich nicht zu entziehen. Anzeichen für eine Fort- und Weiterentwicklung der Staatslehre über die Ideen der Naturrechtsphilosophie hinaus sind infolgedessen in diesen Zeiten, zu Ende des 18., wie auch zu Beginn des 19. Jahrhunderts äuſserst spärlich. Immerhin aber lassen sich doch bereits solche finden.

Hier sind es nun aber beachtenswerterweise nicht die bereits im letzten Jahrzehnt des 18. Jahrhunderts auftretenden Vorläufer der allmählich sich entwickelnden historischen Richtung in der Rechtswissenschaft, bei denen derartige Anzeichen hervortreten, es ist vielmehr die Wissenschaft des positiven Staatsrechtes, die uns Ansätze zu einer selbständigen, in vielen Punkten neuen Entwicklung der Staatslehre, zunächst allerdings nur in ganz beschränktem Maſse, zeigt. Die Wissenschaft des positiven Staatsrechts hatte sich in Deutschland, mehr wie im übrigen Europa, der gewaltigen Macht der Naturrechtsphilosophie gegenüber als selbständige Wissenschaft zu behaupten vermocht. Der empirisch-praktische Charakter dieser Wissenschaft mufste an sich schon den rein abstrakten, aprioristisch-theoretischen Konstruktionen der Naturrechtsphilosophie widerstreiten und die Ergebnisse, zu denen die wissenschaftliche Bearbeitung des positiven Rechtsstoffes führte, sie waren nur zu häufig mit dem herrschenden allgemeinen Staatsrechte nicht mehr in Einklang zu bringen. Noch hatte die Staatsrechtswissenschaft nicht den Mut, sich auf Grund dieser Tatsache von den überkommenen Anschauungen und den allgemein staatsrechtlichen Lehren der Naturrechtsschule, soweit es geboten erschien, loszusagen, mit ihrer wachsenden Bedeutung jedoch mufste sich hier allmählich eine Wandlung vollziehen. Hatte dieselbe sich schon bei Pütter und dann insbesondere bei Häberlin gezeigt, so trat sie mit dem fortschreitenden Ausbau des positiven insbesondere des Reichsstaatsrechts in markanterer Weise in den Schriften der Publizisten gegen das Ende der Reichszeit hervor und hier vor allem bei dem weitaus bedeutendsten Vertreter der positiven Staatsrechtswissenschaft jener Zeit, bei Nicolaus Thaddäus v. Gönner[1]. Allerdings haben wir es hier lediglich nur mit Anfängen zu tun, — Anfänge jedoch, die zweifellos zu weittragenden

[1] Nic. Th. v. Gönner, geb. am 18. Dezember 1764 zu Bamberg, besuchte die Universität daselbst, wo er 1781 zum Doktor der Philosophie promovierte, bezog dann im Jahre 1787 die Universität Göttingen, wo er unter Pütter, Schlözer etc. die Rechte studierte, im besonderen dem Studium des Staatsrechts sich widmete. 1789 nach Bamberg zurückgekehrt, wurde er daselbst zum Professor der Rechtswissenschaft ernannt. Von Montgelas 1799 an die bayerische Landesuniversität Ingolstadt berufen, entfaltete er hier eine aufserordentlich erfolgreiche publizistische Tätigkeit, vor allem auf staatsrechtlichem Gebiete, die allerdings ziemlich jäh durch den Zusammenbruch des alten Deutschen Reiches, dessen Recht den Mittelpunkt seiner Studien gebildet hatte, unterbrochen wurde. 1811 von Landshut in die Gesetzgebungskommission nach München berufen, trat er nach Erledigung der Arbeiten der Kommission in den eigentlichen Justizdienst über. Das Jahr 1815 brachte seine Einberufung in das Justizministerium. 1817 wurde er zum Staatsrat ernannt und im letzten Jahre seines Lebens wirkte er noch an der im Jahre 1826 von Landshut nach München verlegten Universität als Honorarprofessor. Er starb am 18. April 1827. Vergl. hierzu insbes. Jäck, N. Th. Gönners Biographie. Erlangen 1813; auch: Allgemeine deutsche Biographie. Bd. IX S. 367. Prantl, Geschichte der Ludwig-Max. Univ. Bd. II S. 519.

und wertvollen Ergebnissen geführt hätten, wären sie nicht durch die Ungunst der politischen Verhältnisse unterbrochen worden, die, eine ruhige, stete Fortentwicklung der positiven Staatsrechtswissenschaft ausschliefsend, ein Überwiegen der Politik und damit eine erhöhte Wertstellung der Rechtsphilosophie zur Folge hatte, was mit einer Kräftigung der Herrschaft des Naturrechts gleichbedeutend war.

Was nun Gönner anlangt, so steht derselbe, wie seine Zeit, prinzipiell auf dem Boden der Naturrechtsschule und zwar bekennt er sich im allgemeinen zu den naturrechtlichen Ideen und Lehren in der Form und Prägung, die Kant ihnen gegeben. Immerhin aber hat er in grundlegenden Fragen von den überkommenen Anschauungen sich losgesagt und ist konsequent und folgerecht seine eigenen Wege gegangen. Am Anfang einer neuen Zeitperiode stehend, beansprucht er zweifellos unser besonderes Interesse, und eine Darstellung seiner Staatslehre, seiner Auffassung der staatsrechtlichen Grundbegriffe, wie sie sich, zumeist verwoben in seine positivrechtlichen Arbeiten, findet, erscheint eine nicht undankbare Aufgabe.

Die Grundbegriffe des allgemeinen Staatsrechts bei Gönner.

I.

§ 1. Die Lehre vom Staatszwecke. (Soziale Staatstheorie.)

Die Wissenschaft hatte in der Lehre vom Staatszwecke unmittelbar vor Gönner eine neue Richtung eingeschlagen. Die Kantsche Theorie des Rechtsgesetzes hatte das „Prinzip der Glückseligkeit“, die Lehre vom Wohlfahrtszwecke des Staates verdrängt. An die Stelle des Satzes: Salus publica suprema lex esto, den vor allem der aufgeklärte Despotismus sich zu eigen gemacht und zu seinen Zwecken gebraucht und auch vielfach mifsbraucht hatte, war als Reaktionsgebilde die Lehre Kants getreten: dafs man unter salus reipublicae nicht das Wohl der Staatsbürger und ihre Glückseligkeit verstehen müsse . . . ., „sondern den Zustand der gröfsten Übereinstimmung der Verfassung mit Rechtsprinzipien, als nach welchen zu streben uns die Vernunft durch einen kategorischen Imperativ verbindlich macht“ [1]. Die Idee des Rechtsstaates in ihrer gröfsten Einseitigkeit hatte die seit Grotius herrschende Wohlfahrtstheorie verdrängt und hatte gerade zu Gönners Zeiten, zu Ende des 18. und zu Beginn des 19. Jahrhunderts sich einer beinahe unbestrittenen Geltung in der Wissenschaft zu erfreuen [2].

---

[1] Kant, Metaphysische Anfangsgründe der Rechtslehre.

[2] Auch Gönner hatte sich ihr ursprünglich zubekannt, vgl. seine Abhandlung: „Inwieferne Zunft- u. Gewerbssachen eine Justizsache seyen?“ 1803. S. V.

Gönner steht unter den ersten seiner Zeit, die gegen die Kantsche Theorie in ihrer Einseitigkeit entschieden Front gemacht haben.

„Dafs ich . . . .," so schreibt er in seiner Vorrede zu seinem Teutschen Staatsrecht, „den Staatszweck auf Sicherung der Rechte nicht beschränkte, wird mir jeder, welcher vom Nachbethen oder Sektengeiste frei ist, mehr zum Verdienst als zum Fehler anrechnen." (S. IX.)

Seine Anschauungen finden sich in Kürze, soweit das eben im Rahmen der Darstellung des positiven Rechtes möglich erschien, wie sich aus seiner eben zitierten Äufserung entnehmen läfst, in seinem Teutschen Staatsrechte dargelegt; aufserdem aber hat er sie in etwas ausführlicherer Weise in seinem im Jahre 1805 erschienenen Programm „Über die Nothwendigkeit einer Verbesserung der Ansicht vom Staate" begründet.

„Sicherung der Rechte", so sagt er (T.St.R. § 275 IX.), „ist zwar Bedingung aller Staatszwecke, aber weder vorzüglichster, noch einziger Zweck des Staates." In philosophischen Erörterungen sucht er nun die Richtigkeit dieser seiner Anschauung zu erweisen. Der Mensch ist, so führt er aus, sinnliches Vernunftwesen, das die Bestimmung in sich trägt, zu höchstmöglicher Vollkommenheit sich emporzuschwingen. Diese seine Bestimmung vermag jedoch der Mensch aus eigener Kraft nicht vollkommen zu erreichen; es bedarf hierzu der Vereinigung der in der Menschheit vorhandenen Kräfte. Die einzig vernunftgemäfse Art dieser Vereinigung bildet nun der Staat, er ist „der einzig vernunftmäfsige Zustand" und „darum auch notwendig" (ebenda S. 426, 427). So ist demnach der Mensch „nur im Staate fähig, seine Bestimmung zu erreichen". Die Folge dieser Tatsache ist naturgemäfs, dafs er berechtigt ist, „vom Staate alles zu erwarten, was nur den vereinten Kräften möglich ist" (l. c.). Da nun, wie hervorgehoben, der Mensch sinnliches Vernunftwesen und „nicht eine leblose Rechtsmaschine" ist, so kann die Aufgabe und damit der Zweck des Staates mit bloſser Sicherung der Rechte niemals erschöpft gedacht werden. In scharfen Worten wendet sich Gönner hier gegen die Einseitigkeit der Kantschen Lehre. Er sagt (Anm. y S. 428): „Es ist wohl sehr vernunftwidrig, den Staat als blose Rechtsmaschine darzustellen, worin jeder Aufwand für bildende Künste, für Wissenschaften, für öffentliches Vergnügen ein Raub an dem Volke wäre: worin der Mensch verwilderte, seine edelsten Triebe erstickt würden, und ihm — bei spartanischem Brei — alle Würze des Lebensgenusses in bester Form Rechtens entzogen wäre! als ob die Vernunft nur partiell thätig sein könnte[1]!" So scharf er hier übrigens der Kantschen Theorie in der extremen und einseitigen Formulierung, die sie gefunden hatte, entgegentritt, so geflisssentlich vermeidet er, in das entgegengesetzte Extrem zu verfallen und, mit der neuerlichen Hervorhebung der Idee von dem Wohlfahrtszwecke des Staates, an die Stelle der immerhin prägnanten, wenn auch sehr engen Zweckbestimmung des Staates, die Kant formuliert, einen allzu dehnbaren Begriff, eine leere Formel zu setzen.

In seinen rein theoretischen und philosophischen Erörterungen kommt er einer solchen allerdings ziemlich nahe. Er weist zur Erhärtung seiner Anschauung von der weitergehenden Zweckbestimmung des Staates darauf hin, daſs der Staat, empirisch betrachtet, sich als der mächtigste Faktor für „die Veredlung der phisischen und moralischen Welt" erweist und in seinem erwähnten Programme führt er, fuſsend auf einer organischen Auffassung des Staates, aus, daſs der Zweck des Staates überhaupt identisch sein müsse mit der Natur, da derselbe „nur die Form der Existenz ausdrückt." In Verfolgung dieses Gedankens betont er unter Hinweis auf das Zeugnis der Geschichte, daſs „Ver-

[1] In gleich herber Weise bezeichnet er an anderer Stelle (Progr. S. 28) den Staat nach dieser Auffassung als „eine Maschine", „welche alle Vernunftwesen nur in eine Lage versetzt, um sich nicht aufzufressen".

edelung des Bodens und der Menschen“ allüberall, in „allen Teilen unseres Erdenrunds“ .... „wo Staaten sind“, sich zeige, während „ohne Staaten die Erde Wildnis, und der Mensch aufser den unentwickelten Anlagen seines Geistes nur Tier“ ist. Und dies berechtigt ihn zu dem Satze: Staaten sind „die Form . . ., welche die Realisierung des Zweckes der Natur für die Erde und ihre Bewohner bedingt“. (S. 11, 12.)

Bei dieser Auffassung erweitern sich naturgemäfs die Aufgaben und damit der Zweck des Staates unendlich Doch hat Gönner hier keineswegs scharf und streng die Konsequenzen, die sich aus diesen Prämissen ergeben müfsten, gezogen. Was zunächst den ersten Teil der hiernach dem Staate zufallenden Aufgaben, „die Realisierung des Zweckes der Natur für die Erde“, anlangt, so hat er diesen Gedanken, eine Folge seiner rein organischen Staatsauffassung, überhaupt weiter nicht verfolgt.

Was die weitere, zweifellos wichtigere Bestimmung und Aufgabe des Staates betrifft, „die Realisierung des Zweckes der Natur für die Bewohner“ der Erde, also die Sorge für die fortschreitende Entwicklung, für die Veredlung des Menschen, des Menschengeschlechts überhaupt, zu diesem Zwecke vor allem die Förderung und Pflege aller geistigen und materiellen Interessen der Individuen, also die „Wohlfahrtspflege“ im eigentlichen Sinne, — so hat Gönner nach seinen Ausführungen in seinem teutschen Staatsrechte gerade hier dem Staate bei Betätigung dieser im Prinzipe, dem Umfange nach, allerdings ungemessenen Aufgabe ganz bestimmte Grenzen ziehen zu müssen geglaubt. Er erklärt ausdrücklich (T.St.R. § 275, IX), dafs es ihm keinesfalls beifalle, eine „vage salus publica“ als Staatszweck aufzustellen und er beschränkt um deswillen hier die Einflufsnahme der Staatsgewalt auf „die Gegenstände, welche den Zustand des Staats in den Individuen vollkommener machen“, die er nach einer dreifachen Richtung teilt. Er verlangt so vom Staate einmal eine Einflufsnahme auf die Bevölkerung —

eine eigentliche Bevölkerungspolitik —, zum andern die Pflege und Hebung der moralischen und intellektuellen Kultur der Bürger und endlich die Sorge für den Nationalreichtum.

Die Aufgaben des Staates sind damit, soweit ihm die Wohlfahrtsförderung obliegt, konkretisiert und es ist hierdurch schon ein gewisses äufseres Schutzmittel gegen die Gefahr einer mifsbräuchlichen Verwertung der der Wohlfahrtstheorie zugrunde liegenden Idee zum Schaden der individuellen Freiheit geschaffen. Gönner geht aber hier noch einen Schritt weiter. „Alle Unternehmungen der Staatsgewalt in dieser Beziehung“ müssen „eine Richtung nur auf das Allgemeine haben, nicht direkt soll durch Eingreifen des Staates der Wohlstand des Einzelnen gefördert werden, nur die Mittel hierzu soll die Staatsgewalt den Individuen an die Hand geben, sie hat sich jeglichen direkten Zwanges zum Gebrauche derselben zu enthalten und soll überhaupt für die Individuen nur nach objektiven, niemals nach subjektiven Rücksichten thätig sein“. — Das auf der Theorie von der salus publica aufgebaute Bevormundungssystem des aufgeklärten Absolutismus verwirft er damit ausdrücklich. Wenn auch, so führt er aus, vom Staate die Individuen, woraus er besteht, nicht hinweggedacht werden können, so darf dennoch der Regent zum Vormund der Individuen sich nicht aufwerfen und es kann um deswillen der Staatsgewalt niemals verstattet sein, die Individuen zum Gebrauche der Mittel, die sie ihnen zur Erhöhung ihres Wohlstandes darbietet, durch direkten Zwang anzuhalten. (l. c. S. 427, 429.)

Die Lehre Gönners vom Staatszwecke stellt nach alledem eine Verbindung der Theorie vom Wohlfahrtszwecke des Staates mit dem von Kant konstruierten Rechtszwecke dar. Der Schwerpunkt wird allerdings nach der ersten Richtung hin verlegt, wenngleich Gönner selbst, wie wir gesehen, nicht leugnet, dafs die Herstellung eines geordneten Rechtszustandes „Bedingung aller Staatszwecke“ ist.

Es ist ja natürlich, dafs Gönner der Wahrheit, die der

Kantschen Lehre zugrunde liegt, sich nicht verschliefsen konnte. Damit mufste er aber dem Individuum eine erhöhte Wertstellung dem Staate gegenüber einräumen. Denn gerade in der Pflege und der Kultur des Individualprinzips gegenüber der in den Zeiten des eudaimonistischen Polizeistaates wieder herrschend gewordenen antiken Staatsidee, die den Menschen im Staate aufgehen läfst, liegt der unverkennbare Fortschritt, den die Kantsche Zwecklehre gebracht. Unter diesen Umständen konnte Gönner, selbst wenn er wieder in seiner Anschauung vom Staatszwecke die Förderung des Gemeinwohles in die erste Reihe stellte, naturgemäfs niemals zu den Schlufsfolgerungen, die im vorkantschen Polizeistaate aus dem Satze salus publica est suprema lex zum Schaden der individuellen Freiheit gezogen worden waren, gelangen. So erklären sich die Modifikationen und Einschränkungen, unter welchen er sich der Lehre vom Wohlfahrtszwecke des Staates zubekannte, die Schranken, die er, wie wir eben gesehen, der Staatsgewalt in ihrer Tätigkeit für das Gemeinwohl gesetzt hat.

Nun finden sich, wie teilweise schon aus dem Vorausgeführten ersichtlich, in Gönners Zwecklehre auch Anklänge an die Idee von einem Selbstzwecke des Staates. Bei der Staatsidee, der Gönner huldigt, mag das nicht auffällig erscheinen. Allerdings sind es nur Anklänge, klar ausgesprochen und durchgeführt hat er diesen Gedanken nicht. Ihm ist der Staat lediglich ein Organismus, ein durch die Natur geschaffenes Erzeugnis der Weltordnung, ein notwendiges Glied im Organismus des Universums (Programm S. 10). Sein Zweck ist deshalb identisch mit der Natur, die ihn geschaffen, (ebenda S. 11); er ist hiernach, wie schon hervorgehoben, die Form, deren die Natur zur Realisierung ihres Zweckes für die Erde wie für ihre Bewohner — man beachte die Zweiteilung — bedarf. Der Staat ist somit, das könnte und sollte die Schlufsfolgerung sein, nicht allein und in erster Linie der Menschen wegen da, seine Stellung im Universum weist ihm einen selbständigen Zweck, eine selbständige

Aufgabe zu, die etwa darin zu finden wäre, seiner Stellung als organischer Bestandteil des Weltorganismus in möglichst vollkommenem Grade gerecht zu werden. Dafs der Staat das Recht und damit die Pflicht habe, die Erhöhung seines Wohlstandes und die möglichste Vervollkommnung seines Zustandes zu erstreben, finden wir bei Gönner allerdings ausdrücklich ausgesprochen (T.St.R. § 275 IX) und damit ist er dem oben ausgesprochenen Gedanken zweifellos nahe gekommen. Doch ist er hier nicht weitergegangen. Er vermag sich nicht dazu zu entschliefsen, den Staat vom Menschen vollkommen loszulösen, ihn selbständig zu stellen und so sehen wir denn, dafs die Vervollkommnung des Zustandes des Staates seiner Auffassung nach „in den Individuen“, „die vom Staate nicht hinweggedacht werden können“ (l. c.) erstrebt werden mufs.

Die Konsequenzen, die späterhin die Naturphilosophie eines Adam Müller und Johann Jakob Wagner aus der organischen Staatsauffassung, wie Gönner sie vorgetragen, gezogen hat, und die in dem Satze gipfeln, dafs der Zweck des vollendeten Staates nur der sei, „seine organische Stellung einzunehmen im Organismus des Universums“, finden wir bei Gönner nicht und können sie wohl auch nicht finden.

Der Grund hierfür liegt einmal in den Ergebnissen, die die empirische Betrachtung, welche gerade bei Darstellung positivrechtlicher Verhältnisse ungemein nahe lag und auf die Gönner zur Begründung seiner Anschauungen selbst verwiesen hat (Progr. S. 14), an die Hand gab. Sie zeigte ja klar und deutlich, dafs die Tätigkeit und die Aufgabe der Staaten und damit ihr Zweck sich in der, allerdings weitestgehenden, Fürsorge für den Menschen tatsächlich erschöpfte. Zum andern aber konnte wohl auch in einer Zeit, in der das Individualprinzip, teilweise sogar in übermäfsiger, ungesunder Weise, kultiviert wurde, in der die Bedeutung und Wertstellung des Individuums dem Staate gegenüber nicht blofs, wie bereits hervorgehoben, in Theorie und Wissenschaft vertreten, sondern auch im politischen Leben teilweise in blutiger Weise zur Geltung gebracht wurde, eine derartige Idee, nach welcher der Staat im Verhältnisse zur Einzelpersönlichkeit als das Prinzipale erschien, auch wenn sie durch die Grundauffassung über das Wesen des Staates und sein Werden bedingt war, eine scharfe und konsequente Durchführung kaum finden.

In Gönners Zwecklehre bedarf nun aber noch ein weiteres Moment der Hervorhebung.

Wie wir gesehen haben, liegt für ihn der Zweck des Staates nicht bloſs in der Beförderung der äuſseren, der materiellen Wohlfahrt der Staatsgenossen, er vindiziert dem Staate als der vernunftgemäſsen Vereinigung der Menschen die viel höhere Aufgabe, die höchstmögliche Vervollkommnung seiner selbst „in den Individuen“, also des Menschen, der Menschheit überhaupt herbeizuführen. Dadurch aber gelangt er mit Notwendigkeit zu einer Idee, die späterhin von gröſserer Bedeutung für die Lehre vom Staatszwecke wurde, zu der Auffassung nämlich, daſs es auch Aufgabe des Staates sei, für die sittliche und religiöse Vervollkommnung, oder, wie er es ausdrückt, „für die moralische Kultur“ der Bürger Sorge zu tragen. Es ist dies ein Gedanke, den Hegel späterhin mit so groſser Begeisterung verfochten und der ihn die Theorie des Sittengesetzes konstruieren lieſs, jene Theorie, die in der Verwirklichung der sittlichen Idee den einzigen und ausschlieſslichen Zweck des Staates erblickte.

Diese Theorie, die im schneidendsten Widerspruche mit den Prätentionen der Kirche steht, muſste auch in ihren leisesten Anfängen, zumal wenn sie bei Darstellung positivrechtlicher Verhältnisse vorgetragen wurde und derselben zugrunde gelegt werden wollte, zu Schwierigkeiten bei der systematischen Darlegung des bestehenden, tatsächlichen Verhältnisses der Kirchen zum Staate führen. Dies erkennen wir denn auch bei Gönner.

Er hat den Gedanken, daſs der Staat berechtigt und verpflichtet sei, für die sittlich-religiöse Vervollkommnung der Staatsgenossen Sorge zu tragen, deutlich ausgesprochen. Er sagt (T.St.R. § 275 IX.), dafs die Regierungsgewalt des Staates auch auf „Tugend und Religion“ sich zu erstrecken habe, dafs dem Staate die „Beförderung der Moralität“ (§ 408 l. c.) obliege und er betrachtet von diesem Standpunkte aus Religion und Kultus nur als staatliche Anstalten zur sittlichen Bildung der Staatsbürger (l. c.). In extremer Weise, aber konsequent, verficht er, gestützt auf diese seine Grundanschauung, die Idee der völligen Einheit von Staat und Kirche, eine Idee, die, wie wir späterhin bei Darstellung der Kirchenhoheit des Staates ersehen werden, im Grunde das völlige Aufgehen der Kirche im Staate zur Folge haben müfste.

Dies Gönners prinzipielle Anschauung. Wir haben schon betont, dafs es nur allzu schwer fallen mufste, dieselbe der Darstellung der positivrechtlichen Verhältnisse zugrunde zu legen. Gönner erklärt dies auch selbst wiederholt (§ 275 Anm. z, § 408 l. c.). Dafs er übrigens hierbei von diesem seinem Standpunkte aus die Rechte des Staates der Kirche gegenüber in weitestgehender Weise ausgedehnt hat[1], erscheint wohl verständlich. Diese Stellungnahme Gönners, die Tatsache, dafs er die Idee von der Bestimmung des Staates, für die sittlich-moralische Vervollkommnung der Menschen Sorge zu tragen, in so bestimmter Weise hervorgehoben und vertreten hat, ist hier zweifellos von besonderem Interesse. Sie läfst zum ersten den grofsen Unterschied erkennen, der zwischen Gönners Wohlfahrtstheorie und den Auffassungen und Anschauungen des Eudaimonismus der vorkantschen Zeitperiode besteht, zum andern aber zeigt sie in besonders markanter Weise, wie weit Gönner bereits über die Kantsche Idee, dafs der Zweck des Staates auf Sicherung der Rechte sich beschränke, hinausgegangen war; schliefslich aber erheischt sie ein be-

[1] Vergl. hierüber des genaueren die Darstellung der Kirchenhoheit unten § 21.

sonderes Interesse um deswillen, weil wir damit bereits mit einer gewissen Schärfe einen Gedanken vorgetragen sehen, der bald darauf allein zur Grundlage einer besonderen Zwecklehre des Staates gemacht werden sollte.

Haben wir so einen Überblick über Gönners Anschauungen von der Zweckbestimmung des Staates erhalten und gesehen, dafs eine geläuterte und modifizierte Wohlfahrtstheorie in Verbindung mit der Kantschen Lehre vom Rechtsgesetze die Grundlage seiner sozialen Staatstheorie bildet, so drängt sich uns nun die Frage, wie Gönners Anschauungen geworden sind, umsomehr auf, als dieselben von denen seiner Zeitgenossen, die fast sämtlich, wie Klüber, Schmalz, Böhmer, Zachariä etc., der Kantschen Theorie gefolgt sind, abweichen.

Es läfst sich nicht leugnen, dafs die Lehre vom Rechtsstaate aus den Bedürfnissen der Zeit, in der sie entstanden, herausgewachsen war. Sie bildete die Reaktion gegen das unter der Devise der Beförderung der Wohlfahrt der Untertanen bestehende Willkürregiment des aufgeklärten Despotismus, das der freien Willensbetätigung des einzelnen beinahe jeglichen Spielraum benommen hatte.

Doch schofs diese Lehre in Verfolgung ihrer Tendenz, der stärkeren Betonung des individualistischen Moments, der Aufrichtung von Schranken gegen die Staatsgewalt zum Schutze der Freiheit der Einzelpersönlichkeit über das Ziel hinaus und gelangte so zu der Einseitigkeit, die Gönner zu seinem herben Spotte Veranlassung gab.

Es galt auch hier, die richtige Mitte zu finden, und wir sehen Gönner auf dem Wege dazu.

Die Gründe, die er selbst für sein Abgehen von der bisherigen Lehre aufführt, ruhen anscheinend nur auf philosophischem Gebiete.

Er weist, wie wir in der Hauptsache schon ersehen haben, darauf hin, dafs man von falschen Prämissen ausgehe und damit naturgemäfs zu falschen Konsequenzen gelangen müsse, wenn man den Menschen nicht in seinem ganzen Wesen und Sein erfasse, sondern ihn nur als „leblose Rechtsmaschine“ behandle. Der Mensch sei mehr, er sei sinnliches Vernunftwesen, das eine höhere Bestimmung in sich trage. Diese aber könne er — und das ist für ihn Axiom — für sich allein nicht erreichen. Es bedarf hierzu des Zusammenwirkens mit den Nebenmenschen, „der Vereinigung der Kräfte“. Die einzig vernunftgemäfse Vereinigung ist nun der Staat — also ist der Mensch berechtigt, vom Staate nicht blofs den Schutz seiner Rechte, sondern überhaupt alles zu verlangen, was nur den vereinten Kräften möglich ist.

Wenn Gönner so, der Art und Methode der Staatsrechtswissenschaft seiner Zeit folgend, seine Anschauungen in ein philosophisches Gewand hüllen zu sollen glaubte, so geben uns doch diese seine philosophischen Deduktionen ein genügendes Erklärungsmoment für das Werden seiner Zwecklehre nicht an die Hand. Sie bildeten nur die wissenschaftliche Form für eine bereits gewordene Idee. Der Grund für deren Werden aber lag tiefer. Sie war bedingt und geworden durch die Empirie.

Es lag ja nahe, dafs es dem Darsteller und Bearbeiter des positiven Rechtes möglich wurde, von verschiedenen Einseitigkeiten, zu denen die vielfach abstrakte Behandlung des rationellen, des allgemeinen Staatsrechts führte, sich freizuhalten, dafs es ihm gelang, die Klippen, an denen von unserem modernen Standpunkte aus die Naturrechtsphilosophie seiner Zeit vielfach gescheitert, glücklich zu umschiffen und sich so von Theoremen freizuhalten, die mit den Tatsachen der Empirie nur schwer sich vereinbaren liefsen oder aber in direktem Widerspruche mit denselben standen. Wir werden dies bei Gönner fernerhin wiederholt zu beobachten Gelegenheit haben.

Gerade hier aber bestätigt er uns das selbst, wenn er in seinem Programm (S. 14) erklärt, dafs es die Bearbeitung des teutschen Staatsrechtes in einem vollständigen Systeme gewesen sei, die ihm die Notwendigkeit zeigte, den Staatszweck, wovon das Wesen des Staates untrennbar sei, auf eine eigene der Natur mehr angemessene Weise zu bestimmen. — Die praktische Erfahrung, Studium der Geschichte und die Aufmerksamkeit auf die Handlungsweise solider Regierungen, so führt er weiterhin in diesem Zusammenhange aus, seien es gewesen, die ihn von der Richtigkeit seiner Auffassung überzeugt hätten. Gönner spricht in letzterer Beziehung von seiner Staatsauffassung überhaupt; was im speziellen aber den von uns hier zu erörternden Teil derselben anlangt, so trifft dies gerade für ihn in ganz besonderer Weise zu.

Die empirische Betrachtung zeigte ja klar und deutlich, daſs der Staat auf die Sicherung der Rechte seiner Untertanen sich nicht beschränkte. Im höchsten Falle hätte vielleicht das Reich in dieser Beziehung ein Beispiel abgeben können; allein dasselbe war gerade um deswillen nicht mehr ein lebenskräftiges Staatengebilde, es war zum Schemen geworden und beinahe ohne jeglichen Einfluſs auf das Volk, ohne Zusammenhang mit dem Volksleben[1]. Wahrhaft lebenskräftige Staatengebilde stellten einzig und allein die Territorialstaaten dar. Diese aber befleiſsigten sich allüberall einer tatkräftigen Einwirkung auf die Entwicklung der geistigen und materiellen Kultur des Volkes. Gönner spricht es selbst aus, daſs die landesherrliche Gewalt „für den Wohlstand ihres Territoriums in der höchsten Ausdehnung wirksam“ ist (T.St.R. § 365), und wenn er in der Darstellung der Hoheitsrechte im „Wohlfahrtsfache“ eine ganze Reihe der verschiedensten Aufgaben, die im einzelnen dem Staate obliegen, aufführt, so ist diese Darstellung nichts weiter als die Deduktion aus dem tatsächlich Gegebenen, die systematische Zusammenfassung der

[1] Eine Tatsache, die Gönner § 364 zu dem Geständnis zwingt, daſs durch die Reichsgewalt unmittelbar für Teutschlands Wohlfahrt nicht viel gewirkt werden könne. Vergl. auch seine Äuſserungen über das Reich §§ 367. 371. 373. 375 etc.

verschiedenen Arten der Lebensbetätigung der Staatsorganismen seiner Zeit.

Wenn er beispielsweise sieht, wie die Staaten, teilweise noch nach den Grundsätzen des eudaimonistischen Polizeistaates, eine eigentliche Bevölkerungspolitik durch Beförderung der Ehen, Aufnahme von Bürgern, Heranziehung von Ansiedlern aus dem Auslande u. s. w. (§ 367) treiben, wenn er sieht, wie die Landesherren durch Gründung, Unterstützung und Vervollkommnung der Unterrichts- und Bildungsanstalten, durch Förderung von Wissenschaft und Kunst die intellektuelle Kultur ihrer Untertanen zu heben trachten (§ 370), wenn ihm die aufmerksame Betrachtung der Staatstätigkeit weiterhin zeigt, wie die Staaten durch Gesetzgebung, durch direkte Unterstützung, durch Vermittlung der Errungenschaften von Wissenschaft und Technik die produzierenden Stände, insbesondere die Landwirtschaft (§ 373) zu heben bestrebt sind u. s. w. — so sind ihm alle diese Tatsachen Veranlassung, ebensoviele spezielle Aufgaben dem Staate zuzuweisen. Mit dieser auf den praktischen Erfahrungen basierenden theoretischen Ausdehnung des Umfanges der Staatstätigkeit mufste aber naturgemäfs eine von den Fesseln der Einseitigkeiten rein theoretischer Konstruktionen losgelöste, freiere und weitergehende Auffassung von der Zweckbestimmung des Staates Hand in Hand gehen.

Hierzu trat aber noch ein weiteres Moment. Es war die in das Ende des 18. und den Anfang des 19. Jahrhunderts fallende mächtige Entwicklung der Wissenschaft der Volkswirtschaftslehre, der Nationalökonomie oder, wie Gönner sagt, der „Staatswissenschaften“.

Diese Entwicklung knüpft vor allem an an Adam Smith und sein epochemachendes Werk: Inquiry into the Nature and the Causes of the Wealth of Nations. (1776.) Es mag auf den ersten Blick die Behauptung befremdlich erscheinen, dafs der Einflufs Adam Smiths und seiner Schule es gewesen sei, der wesentlich mit dazu beigetragen, die Theorie des Rechtsgesetzes, die Lehre vom Rechtsstaate in ihrer extremen Form und Fassung zu überwinden. Denn es unterliegt keinem Zweifel, daſs dem Smithianismus eigentlich dieselbe Idee zu Grunde liegt, wie der Lehre vom Rechtsstaate, daſs das System Adam Smiths auf der gleichen Grundlage aufgebaut ist, auf der die Kantsche Theorie ruht. Es ist das der jene Zeiten der Umwälzungen machtvoll durchdringende Gedanke von der Bedeutung des Individuums, die Idee des Individualismus, die hier in den volkswirtschaftlichen Untersuchungen wie dort in den staatsrechtlichen Konstruktionen, in beiden Fällen teilweise bis ins Extreme, vertreten wird[1]. Trotz dieser engen Verwandtschaft zwischen den Ideen des groſsen Schotten und den Lehren des Königsberger Philosophen war es doch gerade die von jenem ins Leben gerufene oder wenigstens in die Reihe der anerkannten Wissenschaften eingeführte Volkswirtschaftslehre, die vor allem dazu berufen erschien, den Einseitigkeiten der Theorie vom Rechtsstaate zu begegnen, die Engherzigkeit derselben und ihre Unzulänglichkeit darzutun. Die Volkswirtschaftslehre lieſs, je mächtiger sie sich entwickelte und je allgemeinere Geltung und Bedeutung sie sich errang, um so mehr die soziale Seite des menschlichen Wesens in ihrer Wichtigkeit und Bedeutung hervortreten. Ihr lag und liegt ja vor allem die Auffassung des Menschen als eines sinnlichen Vernunftwesens zugrunde, sie faſst den Menschen in erster Linie als soziales Wesen und sie widerstreitet so energisch einer Auffassung, die im Menschen nur eine „leblose Rechtsmaschine“ erblickt, für die sich das Wesen des Menschen in seiner Eigenschaft als Subjekt und Träger von Rechten erschöpft.

Gerade die Pflege dieser sozialen Seite des menschlichen Wesens, die Förderung und Unterstützung des Individuums nach dieser Richtung muſste aber so in die Reihe der vornehmlichsten Aufgaben des Staates gestellt werden

---

[1] Vergl. hierzu auch insbes. Kautz, Bd. II. S. 458.

dann, wenn man wie Gönner der Anschauung huldigt, dafs der Staat absolute Notwendigkeit ist, dafs der Mensch ohne denselben seine Ziele nicht zu erreichen vermag. Damit aber schlechterdings unvereinbar war die Lehre, dafs der Zweck des Staates auf den Rechtsschutz sich beschränke.

Gönner bringt diesen eben dargelegten Gedankengang selbst zum Ausdrucke, wenn er § 363 (T.St.R.) ausführt: „Unserm Zeitalter gebührt der Ruhm, seit Smiths unsterblichem Werke die Staatswirtschaft nicht nur kultiviert, sondern zur Würde einer Wissenschaft erhoben zu haben; aber hiermit steht die Beschränkung des Staatszwecks auf den blosen Rechtszustand unter den Menschen in einem lauten Widerspruch, welchen die geschraubte Wendung, dafs der Staat auch indirekte Pflichten für die Wohlfahrt auf sich nehme, keineswegs zu heben vermag.“

So haben wir im ganzen die Auffassung Gönners von der Zweckbestimmung des Staates kennen gelernt und zugleich die Gründe für dessen Stellungnahme ersehen; in letzterer Beziehung insbesondere aber die Umstände, die für ihn die Veranlassung waren, hierbei aus der grofsen Zahl der überzeugten und unbedingten Anhänger Kants auszuscheiden und einen wenn auch nicht völlig neuen, so doch selbständigen Weg zu gehen.

II.

§ 2. Entstehung bezw. Rechtsgrund des Staates.

Die dem menschlichen Geiste von jeher sich aufdrängende Frage nach einem Rechtfertigungsgrunde für die Existenz des Staates, für dessen Herrschaft über die einzelnen Individuen war im Mittelalter mit dem Hinweise auf eine direkte schöpferische Tätigkeit Gottes beantwortet worden. Alle Obrigkeit ist von Gott, — der Staat eine göttliche Stiftung. Mit dieser Beantwortung der Frage gab sich die beginnende Neuzeit nicht mehr zufrieden; sie suchte nach

„einer wissenschaftlichen Erklärungsweise für die menschliche Einrichtung des Staates“ [1] und fand dieselbe in der erstmals von dem Holländer Hugo Grotius (1583—1645) ausgesprochenen Idee, daſs der Staat seinen Rechtfertigungsgrund nur in einem von den Individuen abgeschlossenen Urvertrage haben könne, durch welchen dieselben sich zur staatlichen Gemeinschaft verbanden. Diese Idee, von der sich entwickelnden Naturrechtslehre mit Begeisterung aufgenommen, hat nun seit Beginn der Neuzeit bis in das 19. Jahrhundert, von Grotius bis Rousseau und Kant eine unbestrittene Geltung behauptet und mit tyrannischer Macht die Geister der vergangenen Jahrhunderte beherrscht. Wenn auch die Modifikationen, die an der Lehre vorgenommen wurden und die Varianten, in welchen dieselbe erscheint, unzählige sind, — ihre Grundidee wurde, man möchte sagen als Axiom, festgehalten. Die scharfe und glänzende Formulierung, die Rousseau ihr nochmals in seinem contrat social gegeben, hatte ihr neue, frische und anscheinend unzerstörbare Lebenskraft verliehen. — Wohl dem Einflusse Rousseaus ist es in erster Linie zuzuschreiben, daſs auch Kant über die Vertragsidee nicht hinauskam. Auch für ihn ist die vertragsmäſsige Einigung der Individuen der Rechtsgrund des Staates — aber, und damit trennt er sich von der bisher herrschenden Lehre, diese vertragsmäſsige Einigung ist historisch nicht zu erweisen; allerdings muſs sie als „Idee der Vernunft“ gleichwohl aufrecht erhalten werden, da nur so die „Rechtmäſsigkeit“ des Staates gedacht werden kann. Der Urvertrag besteht also nur in der Idee.

Auf diesem Standpunkte sehen wir auch Gönner ursprünglich stehen. Genau der Lehre Kants folgend, führt er in seinem im Jahre 1803 erschienenen Programm „Über das rechtliche Prinzip der teutschen Territorialverfassung“ aus (S. 17): Das oberste Rechtsprinzip aller positiven Be-

[1] Schulze, Einleitung etc. S. 147.

stimmungen der Konstitution eines Staates müsse in dem ursprünglichen Vertrage liegen. Dieser bedürfe aber — hier zitiert er die im Jahre 1802 erschienene „Allgemeine Rechtslehre nach Kant" seines Landshuter Kollegen G. L. Rainer — als Idee zu seiner Gültigkeit keines Faktums und keines Dokuments. Alles, was aus einer positiven Bestimmung abgeleitet werden soll, müsse seinen endlichen Rechtsgrund im ursprünglichen Vertrage in der Idee haben, weil es sonst nur gesetzlich, nicht aber rechtlich wäre. — Es könne, so führt er z. B. an anderer Stelle (S. 19) aus, „darüber absolut kein Zweifel sein, dafs, wie jede staatliche Institution so auch die deutsche Landeshoheit ihr endliches Rechtsprinzip (!) nur im ursprünglichen Vertrage in der Idee finden könne", dem „Sozialkontrakte in der Idee", wie er ihn weiterhin nennt und als welcher in diesem Falle seiner Auffassung nach jener Vertrag in Betracht kommt, „auf welchem Teutschland als ein Staat ruht!"

Hier zeigt sich Gönner also noch ganz als Anhänger der Vertragstheorie, allerdings in der modifizierten Form, die Kant ihr gegeben.

Über die Tatsache, dafs dieser Vertrag historisch sich nicht erweisen läfst, setzt er sich mit Kant unter der Begründung hinweg, dafs derselbe als Idee gleichwohl gültig sei, denn, so beweist Rainer an der von Gönner zitierten Stelle, diese Idee des ursprünglichen Vertrags ist „eine rechtlich-praktische Idee, die, wie alle praktischen Ideen der Vernunft, ihre ungezweifelte Realität hat und als solche das Prinzip der Gründung, Einrichtung und Erhaltung jedes Gemeinwesens ist". (!!) Für ihn liegt also der Rechtsgrund des Staates in der allerdings nur in der Idee bestehenden freien Einigung der sich zum Staate verbindenden Individuen. Der Staat erscheint hiernach, rechtlich betrachtet, lediglich als ein Sozietätsverhältnis — also im Prinzip die reine individualistisch-atomistische Staatsauffassung der Naturrechtsschule.

Gönner blieb jedoch hierbei nicht stehen. Nach kurzem

sehen wir ihn bei einer ganz verschiedenen Staatsauffassung. Schon 1805 schreibt er unter ausdrücklicher Verwerfung auch der Kantschen Konstruktion vom Vertrag „in der Idee“ fest und bestimmt: Keinem Staat liegt ein Vertrag zum Grunde.

Diese plötzliche und rasche Abkehr Gönners von der naturrechtlichen Lehre Kantscher Prägung erscheint überraschend und auf den ersten Blick befremdend. Sie findet jedoch ihr gute Erklärung in einer Idee, die merkwürdiger Weise schon bei Kant, wenn auch nicht in der Schärfe wie bei Gönner, sich findet. Die Lehre Kants enthielt nämlich, das mag in diesem Zusammenhange besonders betont werden, trotz ihres engen Anschlusses an die Naturrechtsschule bereits einen Faktor in sich, der dazu bestimmt erschien, der Lehre vom Rechtsgrunde des Staates neue Wege zu weisen. Für Kant war der Gesellschaftsvertrag nicht mehr eine von den Individuen freiwillig und mit mehr oder minder lebhaftem Bewufstsein ihrer Tragweite geschaffene Rechtsbeziehung, für ihn lag der Grund und die Veranlassung hierzu in „dem Interesse aller, im rechtlichen Zustande zu sein“ [1], in einem dem Menschen innewohnenden sittlich-ethischen Streben — er nennt es kategorischen Imperativ — aus dem Zustande der Rechtlosigkeit (status iustitia vacuus) herauszutreten und sich unter „Rechtsgesetzen“ zu vereinen. Der Staat ist ihm demzufolge nicht so sehr ein Gebilde der menschlichen Vernunft, ein Produkt menschlicher Willkür, als vielmehr „ethischen Sollens“ [2]. Und dieses ethische Sollen ward für ihn zum bindenden Vernunftgebot, das auch rechtlich erzwingbar wurde.

Damit erscheint aber der Staat im eigentlichen Grunde als ein Gebot der Vernunft oder besser der den Willen der Menschen beherrschenden Kräfte und damit nähert sich

---

[1] Metaphysische Anfangsgründe der Rechtslehre § 43. (S. 192.)

[2] Vergl. Landsberg, Geschichte etc.

Kant bereits in gewisser Beziehung der modernen Theorie von der Vernunftnotwendigkeit, die den Rechtsgrund des Staates in seiner Notwendigkeit, in der Tatsache erblickt, dafs ohne Staat eine vernünftige Koexistenz der Menschen nicht möglich ist.

Bei Gönner finden wir diesen Gedanken nun noch schärfer betont und derselbe wird, wie wir ersehen werden, die Veranlassung, auch hier von den bisherigen Anschauungen abzuweichen und neue Wege zu gehen. — In seinem Teutschen Staatsrecht (§ 275 IX) führt er, wir haben an anderer Stelle schon darauf hingewiesen, aus, dafs „der Staat der einzig vernunftgemäfse Zustand" (der Vereinigung der Kräfte zur Erreichung der Bestimmung des Menschen) „und darum notwendig" sei.

Es unterliegt nun keinem Zweifel, dafs, ist der Staat eine Vernunftnotwendigkeit, die Lehre, derselbe sei aus einem Vertrage entstanden, bedenklich erschüttert werden mufs, zumal dann, wenn die historische Realität dieses Vertrages nicht erwiesen werden kann, ja sogar direkt geleugnet werden mufs.

Schon 1803 hat ein Schüler Gönners, Laurenz Himmelstofs, diesen Gedanken zum Ausdruck gebracht. In seinem „Säze aus der Rechtswissenschaft", die er zugleich mit einer Dissertation über die Regalität in Teutschland zur Erlangung der Licentiatenwürde der churfürstlichen Juristenfakultät in Landshut vorgelegt hat, findet sich der Satz: „Der Staat in der Idee ist die einzige Bedingung, unter welcher mehrere Menschen neben einander die Bestimmung des Menschen erreichen können und insofern spricht die Vernunft das Dasein des Staates als Notwendigkeit aus: darum können die Rechtsverhältnisse im Staate nicht aus einem Vertrage konstruiert werden . . . ."!

Dafs dieser Satz von dem jungen Rechtsbeflissenen aus den Grundanschauungen seines Lehrers über Natur und Wesen des Staates hergeleitet wurde, liegt klar zu Tage. Gönner selbst hat den gleichen Gedanken, allerdings merkwürdigerweise nicht in dem der genannten Dissertation beigegebenen vorerwähnten Programm, wohl aber späterhin, in seinem gleichfalls schon genannten, 1805 erschienenen Schriftchen „Über den Einfluſs einer richtigen Ansicht vom Staate auf Geschichte u. s. w." in scharfer und prägnanter Weise ausgesprochen. Er sagt dort (S. 6): „Als ob selbst in der Idee ein Staat als vernünftig notwendig und doch durch seine Konstruktion aus einem Vertrage als Gegenstand der Willkühr dargestellt werden könnte." Ist der Staat in der Idee Gebot der Vernunft, liegt also der Rechtsgrund desselben in seiner absoluten Notwendigkeit, so muſs er, so deduziert er an anderer Stelle (S. 8), in der Realität Produkt der Natur sein, also aus der Natur sich entwickeln, dann aber kann er von menschlicher Willkür nicht abhängig sein!

M. a. W.: Vernunftnotwendigkeit des Staates und der Gesellschaftsvertrag sind zwei begriffliche Gegensätze, die sich ausschlieſsen — der Staat ist Notwendigkeit — die Lehre vom Sozialkontrakt ist demgemäſs zu verwerfen.

Sehr schön führt das ein anderer Schüler Gönners, Joh. Bapt. Nibler, in seiner eigenartigen, auf direkte Anregung Gönners entstandenen Abhandlung „Der Staat aus dem Organismus des Universums entwickelt" (Landshut 1805) aus. Er schreibt (S. 43): „Es läſst sich nirgends ein Vertrag denken, auſser wo es in der Willkühr der Paciszenten steht, ob und wie sie den Vertrag schlieſsen wollen. Die Entstehung eines Staates wird also zufällig, ebenso zufällig ist seine Einrichtung. Daſs dies aus der Behauptung der Notwendigkeit eines Staatsvertrages flieſst, muſs jeder zugeben, der auf Konsequenz Anspruch macht. Wenn man nun nebenbei den Staat für rationell nothwendig erklärt, und zum Eintritt in den Staat sogar physisch zwingen läſst, so stechen diese beiden Dinge — Willkür und Notwendigkeit, sonderbar gegen einander ab."

„Der Staat ist," also erklärt denn Gönner in seinem

im gleichen Jahre erschienenen Schriftchen „Die Notwendigkeit eines Staatsschatzes“ (S. 23) „nicht Erfindung des Menschen . . ., nicht die Frucht eines Vertrages, nicht eine vertragsweise errichtete Gesellschaft.“ — „Keinem Staate liegt ein Vertrag zum Grunde“ (Progr. S. 9).

Auch der Grundvertrag „in der Idee“, die modifizierte Form der Lehre vom Staatsvertrage erscheint unter diesen Umständen nicht mehr haltbar. „Als ob,“ so ruft er (S. 6 l. c.) aus, „es möglich wäre, etwas in der Idee anzunehmen, was bei der Übertragung auf etwas in der Erfahrung Bestehendes keine Realität hat!“

Und diese Absage an die naturrechtliche Lehre vom Urvertrage findet ihre Wiederholung in gleicher prägnanter Schärfe in seinem 1808 erschienenen Werke: „Der Staatsdienst aus dem Gesichtspunkte des Rechts und der Nationalökonomie betrachtet.“ Die Gründe bleiben für ihn natürlich dieselben.

Hier bietet ihm insbesondere die Tatsache, dafs der Staatsdienst, der nach seiner Anschauung öffentlich-rechtliches Verhältnis ist, „sogar aus dem privatrechtlichen Gesichtspunkte eines Vertrags behandelt worden ist“ (Vorrede S. IX), an verschiedenen Stellen Veranlassung, sich über die Anwendbarkeit des Vertragsbegriffes zur Konstruktion öffentlich-rechtlicher Verhältnisse auszusprechen und hierbei die Frage der Begründetheit der Lehre vom Gesellschaftsvertrage zu streifen. Er verneint prinzipiell die Anwendbarkeit des gesellschaftlichen Vertragsrechtes auf das öffentliche Recht; klagend und erbittert zugleich ruft er aus (Einl. S. 2): „Das öffentliche Recht mufs sich aus dem Privatrechte (der einzelnen Menschen) konstruieren lassen, das grofse Band, womit Natur und Vernunft in vereinter Thätigkeit Millionen Menschen umschlingt (der Staat) und irgend eine beliebige, zufällige wandelbare Handelssozietät soll nach einerlei Formel, an welche man den ehrwürdigen Namen Prinzip verschwendet, nach der Formel des gesellschaftlichen Vertragsrechtes beurteilt werden . . .![1]" Und noch schärfer spricht er sich unter deutlichem Hinweis auf die naturrechtliche Lehre vom Gesellschaftsvertrage an anderer Stelle aus (S. 140 l. c.): „Man mufs sich nirgends mehr als im Staatsrecht vor Aufstellung der Verträge als Erdichtungen oder Hypothesen zur Erklärung des rechtlichen Verhältnisses der Bürger hüthen, womit bisher selbst unter scharfsinnigen Philosophen ein beinahe allen Glauben übersteigendes Unwesen getrieben wurde. Nehmen wir doch keinen Vertrag der Füse mit den Händen, dafs jene gehen, diese greifen, oder des Magens mit dem Kopfe an, dafs dieser denken und jener verdauen solle, um die Funktionen des menschlichen Organismus zu erklären, warum wollen wir denn uns in den Zauberkreis von Verträgen einschliefsen, um mit Zwang oder Erdichtungen zu erklären, was zum organischen Staatsvereine gehört, und eine ganz natürliche Folge des lebendigen Verkehrs der im Staate vereinigten Kräfte ist?"

Hier stellt Gönner der Lehre vom Gesellschaftsvertrag und der durch sie bedingten individualistischen und atomistischen Staatsauffassung der Naturrechtsschule bereits eine neue, fertige Staatsauffassung gegenüber, zu der ihn seine Idee von der Vernunftnotwendigkeit des Staates geführt hatte, die Auffassung, dafs der Staat lediglich organisches Gebilde der Natur, ein Organismus sei.

Wenn wir so in den vorstehenden Ausführungen ersehen haben, dafs der Entwicklungsfaktor und das bedeutsamste Moment für das Werden seiner besonderen, von der allgemeinen Lehre abweichenden Anschauung über Rechtsgrund und Entstehung des Staates in der Idee zu finden ist, dafs der Staat Vernunftgebot, also notwendig ist, so

---

[1] Es ist das ein klarer Beweis, wie weit Gönner über die individualistische Staatsauffassung der Naturrechtsschule hinausgegangen war, die naturgemäfs, weil sie sich eben auf das Individuum stützte, das Staatsrecht der Privatrechtsidee unterordnen mufste. Vgl. Gierke, Die Grundbegriffe etc. S. 300.

mag sich die Frage aufdrängen, warum Kant, der doch gleichfalls, wenn auch nicht mit derselben Schärfe wie Gönner, den Gedanken, dafs der Staat durch die Vernunft geboten sei, vertreten hat, nicht auch zu Konsequenzen ähnlicher Art wie Gönner gelangt ist, insbesondere also an der Lehre vom Gesellschaftsvertrage festgehalten hat.

Die Beantwortung dieser Frage fällt nicht schwer, sie führt uns aber hier auch zugleich noch etwas weiter.

Kant beschränkt den Zweck des Staates auf die Schaffung des Rechtsgesetzes. Da aber nach seiner Anschauung der vorstaatliche „natürliche" Zustand des Menschen ein Zustand der Ungerechtigkeit (iniustus) nicht zu sein braucht, wenn er auch als Zustand der Rechtlosigkeit (status iustitia vacuus) bezeichnet werden mufs [1], so kann nach ihm von einer absoluten Notwendigkeit des Staates gerade nicht gesprochen werden. Notwendig, ein Vernunftgebot erscheint er ihm nur insoferne, als „ein Interesse aller" besteht, aus dem Zustande der Rechtlosigkeit herauszukommen, „im rechtlichen Zustande zu sein" und diesem Interesse ein „ethisches Sollen" im Menschen, ein kategorischer Imperativ entspricht, der ihn antreibt, demselben zu genügen und sich unter „Rechtsgesetze" zu stellen.

Diese Auffassung bildet nun allerdings zweifellos den Anfang zu einer neuen Beantwortung und Lösung der Frage nach dem Rechtsgrunde des Staates, allein sie ist hier noch nicht weit genug gediehen und so vermag die Lehre vom Gesellschaftsvertrage daneben ihre Geltung noch zu behaupten. Trotz der hiernach gegebenen, man könnte sagen, beschränkten Notwendigkeit des Staates, trotz allen Zwanges zur Schaffung desselben, der im Menschen selbst liegen soll, bleibt eben dessen Entstehen doch ein „Schaffen", eine auf den allerdings

---

[1] Rechtslehre § 35.

von einem kategorischen Imperativ beeinflufsten Willen der Individuen zurückzuführende Schöpfung. Hier kann also neben der Lehre von der Notwendigkeit des Staates die Idee des Urvertrags gut fortbestehen und Kant hat sie denn auch in der erwähnten Modifikation beibehalten.

Ganz anders bei Gönner.

Für ihn ist der Staat Notwendigkeit nicht blofs im Kantschen Sinne. Der Zweck des Staates beschränkt sich nach ihm nicht auf Sicherung der Rechte; seiner Auffassung nach ist derselbe ein unendlich weitergehender. Er weist dem Staate als universale Zweckbestimmung die unterstützende Förderung der ihrer Bestimmung zustrebenden Menschheit, also die ungleich höhere Aufgabe zu, dem Menschen zur Erreichung seiner höheren Ziele dienlich zu sein. Dieser Unterstützung des Staates kann der Mensch hierbei nach seiner Auffassung nicht entraten, nur im Staate und durch den Staat vermag er sein Ziel zu erreichen. In diesem Sinne erscheint bei Gönner der Staat als Notwendigkeit. Nur aus dieser aus der universalen Zweckbestimmung des Staates abgeleiteten absoluten Vernunftnotwendigkeit desselben aber kann die Konsequenz gezogen werden, dafs er ein Gebilde menschlicher Willkür niemals sein kann, dafs damit die Idee vom Gesellschaftsvertrage auch in der Kantschen Formulierung Realität nicht haben kann, dafs vielmehr der Staat als Produkt der Natur erscheinen mufs.

So ersehen wir: Die Gönnersche Idee von dem Rechtsgrunde und der Entstehung des Staates ist im Grunde die unabweisbare Folgerung aus seiner Lehre vom Staatszwecke, seiner sozialen Staatstheorie!

III.

§ 3. Die organische Staatsauffassung Gönners.

Auf dem eben gezeichneten Wege entstand auch Gönners Auffassung vom Staate als eines Organismus im Universum.

Ursprünglich war, wie wir gesehen, die Staatsauffassung der Naturrechtsschule auch die seine gewesen. Ward der Staat aus einem Urvertrage konstruiert, war die uranfängliche Einigung der Individuen der Rechtsgrund des Staates, so mufste dieser notwendig als ein sozietätenähnliches Gebilde, als eine „Gesellschaft“ erscheinen, „deren Existenz und Zweck von der Willkühr der verbundenen Subjekte abhängt.“ (Programm S. 9.)

Von dieser Anschauung hatte Gönner sich abgewandt.

Die hauptsächlich durch die empirische Betrachtung gewonnene Erkenntnis von einer universalen höheren Zweckbestimmung des Staates hatte in ihm die Idee von der absoluten Notwendigkeit desselben entstehen lassen und diese erschien mit der Auffassung des Staates als einer willkürlichen Schöpfung der Menschen, wie sie die Lehre vom Gesellschaftsvertrag bedang, unvereinbar; der Urvertrag war demgemäfs zu verwerfen.

Damit war aber die ganze Staatsauffassung der Naturrechtsschule beiseite geschoben. Es galt eine neue an deren Stelle zu setzen.

Die Idee von der Vernunftnotwendigkeit des Staates enthielt bereits die Momente für eine solche.

Waren nämlich die Staaten für den Menschen eine Notwendigkeit in dem Sinne, dafs er ohne dieselben seine Bestimmung nicht zu erreichen vermochte, so lag es nahe, die „in der Erfahrung gegebenen“ Staaten, zumal dieselben in ihrem Wesen eine gewisse Gleichheit, eine „Allgemeinheit“ und „Einförmigkeit“ aufweisen (S. 9 l. c.), als eine Schöpfung der nach einheitlichen, unabänderlichen Gesetzen waltenden Natur zu betrachten. Waren sie und konnten sie das Produkt bewufster menschlicher Tätigkeit nicht sein, so mufsten sie, da ja, wie jedem denkenden Menschen klar, dem Zufall hier nicht Raum gegönnt werden kann, in organischem Werden entstanden sein, und da solches nur in und durch die Natur möglich ist, so konnten sie auch lediglich als „Produkt der Natur“ erscheinen. So der eigentliche Gedankengang Gönners.

Nicht gerade zwingend ist allerdings das, was Gönner selbst zur Erhärtung der Richtigkeit dieses seines Satzes, daſs der Staat Produkt der Natur, in seinem bereits mehrfach citierten Schriftchen ausführt. Er sagt: „Ist es Zufall, ist es Produkt menschlicher Willkühr, daſs in Europa so viele Menschen nebeneinander leben oder ist ihr Dasein das Werk der Natur? Ist das letzte, was nicht geleugnet werden kann, so muſs (!) auch die Form ihres Nebeneinanderseyns durch die Vernunft in der Idee ausgesprochen und durch die Natur selbst realisiert seyn (!?). Diese Form, nicht nur des vernunftgemäſsen Nebeneinanderseyns unzählbarer Menschen, sondern selbst ihrer physischen Existenz ist der Staat, Staaten sind also nicht blos in der Idee durch Vernunft geboten, sondern auch in der Wirklichkeit durch die Natur hervorgebracht.“ (S. 8–9 l. c.)

Auf der so gewonnenen Grundlage baut nun Gönner weiter.

„Sind,“ so sagt er, „wie nicht geleugnet werden kann, Staaten ein Produkt der Natur, so sind sie nur durch und im Organismus da, folglich Teile desselben und können nur als organisch gedacht werden,“ der Staatsverein ist organisch!

Diese Auffassung Gönners ist nun, in ihrem Grunde wenigstens, nicht neu. Die Geschichte der organischen Staatstheorie führt uns zurück bis Plato, der schon den Staat, allerdings nur in ethischem Sinne, als ein organisches Gebilde „ähnlich dem Einzelmenschen“ bezeichnet hatte und seit den Zeiten Johanns v. Salisbury († 1180), der als erster die organische Staatstheorie als Staatsrechtstheorie verwertete[1], finden sich mehr oder minder bewuſste Anklänge an diese Staatsauffassung bei fast allen bedeutenderen Staatsrechtstheoretikern der folgenden Jahrhunderte, bei

[1] Rehm, Gesch. d. Staatsrechtsw. S. 168.

Grotius und Hobbes, bei Spinoza wie bei Locke und Montesquieu. Auch der Rousseausche Naturstaat und der Kantsche Vernunftstaat enthalten in Teilen unbewufst Anklänge an organische Theorien[1].

Das, was Gönner von diesen seinen unmittelbaren Vorgängern unterscheidet, ist die Tatsache, dafs er als erster wiederum klar und bewufst die organische Staatsauffassung zur Grundlage einer selbständigen „organischen“ Staatsrechtstheorie gemacht hat.

Seine ganze Darstellung ist im Grunde eine rechtsphilosophische, und eine nähere Betrachtung derselben zeigt uns, dafs er unter den verschiedenen Gruppen von Ansichten, denen die organische Staatsauffassung zugrunde liegt, für die Zeit, da er erstmals diese seine Gedanken in die wissenschaftliche Welt getragen (1805), jener Gruppe zuzurechnen ist, deren Eigenheit in der physischen Staatsbetrachtung liegt[2].

Er betonte vor allem mit grofser Schärfe, dafs es „eine schädliche Einseitigkeit“ sei, „im Staate nur die vereinigten Menschen und diese nur als Vernunftwesen zu betrachten“ (S. 10, 23). Der Mensch sei vielmehr „sinnliches Vernunftwesen“, und gerade der Staat bilde „das Medium“, wodurch er in dieser seiner Eigenschaft „ohne Trennung des thierischen (Wesens) vom geistigen ergriffen“ werde (S. 9). Im Staate, der sich als „Verein der Kräfte“ darstelle, sei die physische Welt mit der moralischen in Verbindung gebracht. Die physischen Kräfte der Erde und auch die der Menschen seien mit den Geisteskräften der Menschheit im Staate in einem „Verein, der alle Einseitigkeit aufhebt, und zwischen beiden eben jenen vollendeten Einklang herstellt, wodurch die Natur in allen Wesen und allen untergeordneten Zwecken nur Einheit durch alle Wirkungen ausspricht.“ (S. 10.)

---

[1] van Krieken, „Über die sogen. organische Staatstheorie“. S. 33–56.

[2] v. Krieken a. a. O. S. 59.

Die Staaten stehen so „als organischer durch die Natur produzierter Verein der Kräfte“ auch unter physischen Naturgesetzen. (S. 20.)

Zum Beweise dieses Satzes greift Gönner in das naturwissenschaftliche Gebiet hinüber. Er sagt, die Herrschaft der physischen Naturgesetze über den Staat erweise deutlich schon das „Dasein mehrerer Völker“ und die Notwendigkeit ihres Daseins. Denn: „Jede Kraft kann nur in einer bestimmten Entfernung und in bestimmten Richtungen wirken.“ Die Folge ist, dafs jeder Staat auf ein bestimmtes Gebiet der Erdoberfläche beschränkt sein müsse. Das habe die Natur in ihrem schöpferischen Walten selbst zum Ausdrucke gebracht, indem sie durch Gebirge und Meere Staaten- und Völkergrenzen geschaffen, die noch kein Eroberer ungestraft überschritten habe. „Da aber“, so fährt er alsdann fort, „auf allen Theilen unserer Erde der Organismus wirkt, so mufs am Endpunkte eines Staates der andere anfangen, ein Staat ist vom andern abhängig, alle Staaten zusammen sind als Theile des Universums mit dem Ganzen organisch verbunden und durch das Band der Menschheit im ganzen Erdenrund umschlungen.“

So erscheint also der Staat als ein unter physischen wie unter Vernunftgesetzen stehender, von der Natur geschaffener, in den Organismus des Universums eingegliederter organischer Verein der in Natur und Menschheit gegebenen physischen und geistigen Kräfte — als physisch-geistiger Organismus [1]. Diese Auffassung führt ihn dann späterhin und zwar zweifellos um deswillen, weil sie naturwissenschaftlich nicht fest gegründet war, mehr der Phantastereien zuneigenden anthropomorphistischen Richtung zu, der der Staat als ein

[1] Die Behauptung van Kriekens, dafs der Schweizer P. C. Planta (1852) als der älteste Vertreter der physisch-organischen Staatsauffassung angesehen werden müsse (S. 75), da er erstmals den Staat als physisch-geistigen Organismus dargestellt habe (S. 77), erweist sich hiernach nicht als richtig. Die Priorität gebührt, wenn auch die Durchführung und Begründung des Grundgedankens bei beiden Schriftstellern eine durchaus verschiedene ist, doch zweifellos Gönner!

menschenähnliches Gebilde, als „natürlicher Kollektivmensch" erscheint. — In seinem 1808 erschienenen „Staatsdienst" finden wir derartige Ausführungen.

Die im Staate vereinigten „in lebendigem Verkehr" (S. 54) stehenden Kräfte werden von ihm hier, insofern sie nach den verschiedensten Richtungen dem Staate zur Erfüllung seiner Zweckbestimmung dienen, mit den verschiedenen Organen des menschlichen Körpers verglichen (S. 54); „den Mittelpunkt und die Seele des ganzen Staates" aber bildet der Herrscher, „in welchem sich gleich dem Kreislauf des Blutes im menschlichen Körper alle Kräfte konzentrieren und von welchem aus sie wieder auf alle Punkte des Staates, nach dem jedesmaligen Bedürfnisse zurückströmen." (S. 30.)

Also Leib und Seele, das vollständige Bild des Menschen, findet er hier im Staate wieder.

Mit seiner Anschauung, in der Art, wie er sie vorgetragen, stand Gönner in seiner Zeit allein.

Zwar hatten schon Fichte und Schelling, ersterer in seinem Naturrecht (1796), letzterer erstmals in seiner 1803 erschienenen „Methode des akademischen Studiums", den Versuch gemacht, lediglich aus den Naturgesetzen, denen das organische Leben unterworfen ist, den Staat und seine Funktionen zu erklären; allein diese ihre Konstruktionen waren, da sie in der Hauptsache rein theoretischer Natur waren und den Tatsachen der Empirie teilweise überhaupt nicht, teilweise nur in unvollkommener Weise Rechnung trugen, ohne jeglichen Einfluſs auf die Staatslehre ihrer Zeit geblieben[1].

Gönners Darstellung steht mit diesen vor ihm gemachten Versuchen offensichtlich auſser allem Zusammenhang, sie ist nach Form wie Inhalt durchaus originärer Natur.

---

[1] Vergl. v. Krieken, S. 117. — Dies dürfte übrigens auch aus der Tatsache erhellen, daſs J. B. Nibler in dem historischen Teile seines Schriftchens Schellings überhaupt nicht gedenkt und bei Darstellung der Staatslehre Fichtes, dessen „organischer" Ideen mit keinem Worte Erwähnung tut.

Wenn wir in der ganzen bisherigen Darstellung der Staatslehre Gönners den Werdegang seiner Anschauungen darzutun versucht haben, so können doch die bisher hervorgehobenen Momente kaum als genügend erachtet werden für die Beantwortung der hier sich aufdrängenden Frage, warum Gönner in seinen Betrachtungen über die Natur und das Wesen des Staates gerade der organischen Auffassung sich zugeneigt hat.

Es ist zu diesem Behufe hierzu etwas weiter auszugreifen.

Man kann van Krieken wohl beipflichten, wenn er (a. a. O. S. 12) sagt, das Erscheinen einer organischen Staatsauffassung sei bedingt einmal durch eine genügende Entwicklung des philisophischen Sinns, der zu Spekulationen über die letzten Gründe einer Erscheinung führe, sodann aber durch eine gewisse Höhe der Entwicklung der staatsbürgerlichen Freiheit, da nur dann die Idee eines Organismus Platz greifen könne, wenn die Angehörigen eines Staates sich auch als dessen tätige Glieder fühlen könnten. Hiernach erscheint allerdings schon die Zeit seit Ende des Mittelalters als geeigneter Boden für die organische Auffassung des Staates und tatsächlich finden sich denn auch, wie bereits früher betont, Anfänge und Ansätze zu einer solchen seit Beginn der Neuzeit bei der Mehrzahl der Staatsrechtstheoretiker.

Daſs aber die reine organische Staatsrechtstheorie zu Beginn unseres Jahrhunderts durch Gönner vertreten sich findet, hat seinen tieferen Grund zweifellos in der in dieser Zeit gesteigerten Wirksamkeit und Bedeutung der beiden genannten Entwicklungsmomente.

Die spekulative Richtung in der Philosophie war durch Kant auf eine noch nicht erreichte Höhe geführt, und die Rechtsphilosophie, insbesondere die der z. Z. Gönners noch herrschenden Naturrechtsschule hatte an dieser Fortentwicklung partizipiert. Der Einfluſs dieser Tatsache zeigt sich denn auch ganz deutlich in der ganzen Darstellungsweise Gönners. Er weist selbst darauf hin, daſs die Erkenntnis von dem Wesen des Staates mit den Fortschritten der Philosophie innig verbunden ist[1], und seine Idee erscheint denn auch in philosophischem und zwar in naturphilosophischem Gewande.

Das objektive Moment aber, das als das schwerwiegendere erscheint, hatte gerade in diesen Zeiten eine ganz auſserordentliche Bedeutung erlangt. Um die staatsbürgerliche Freiheit war der groſse Kampf der Revolution geführt worden, unter dessen Nachwirkungen die Zeit zu Beginn des 19. Jahrhunderts gestanden hat und wenn auch während der Revolution selbst die individualistische Tendenz in einer für den organischen Staatsgedanken gefährlichen Weise übermächtig hervorgetreten war, so hatte doch die Zeit, in der Gönners Anschauungen sich entwickelt (1803—1808), es verstanden, diesen individualistisch-atomistischen Tendenzen gegenüber die Einheitsidee eines wohlgegliederten und organisierten Staatswesens wiederum zur Geltung zu bringen, in der aber naturgemäſs die durch die Ereignisse der vorhergehenden Zeit mächtig gesteigerte Bedeutung des Individuums innerhalb des Staatsorganismus in entsprechender Weise zur Geltung gelangte, und deshalb auch die Auffassung des Einzelnen als eines tätigen Gliedes des die Gesamtheit organisch zusammenfassenden Staatsganzen um so eher Platz greifen konnte und muſste.

Es läſst sich nicht bestreiten, daſs die Zeit, in der die von der Naturrechtsschule insbesondere unter Rousseauschem Einflusse vertretenen Ideen, die im Grunde eine erhöhte Wertstellung der Einzelpersönlichkeit dem Staate gegenüber erstrebten, in ihren letzten Zielen aber atomisierend und damit auflösend wirken muſsten, gerade in ihrer konsequenten praktischen Durchführung durch die französische Revolution so ungeheuer Fiasko gemacht hatten, besonders geeignet sein muſste, die Auffassung von der durch die Natur ge-

---

[1] Programm S. 5.

botenen Notwendigkeit einer wohlgegliederten Zusammenfassung der Individuen und weiterhin der organischen Natur der Form dieser Zusammenfassung zu wecken, zu fördern und zu kräftigen.

War das der Boden, auf dem eine organische Staatsauffassung überhaupt sich entwickeln konnte, so ersehen wir als nächsten Grund und zugleich als Mittel für die theoretische Konstruktion dieser Auffassung ein Moment, das aus der Welt der Wissenschaft entnommen werden muſs.

Es ist der naturwissenschaftlich-realistische Zug, der der Wissenschaft jener Zeitperiode anhaftet [1].

In der Volkswirtschaftslehre, der Nationalökonomie im wahren Sinne, war er zuerst in der zweiten Hälfte des 18. Jahrhunderts durch den Einfluſs der Physiokraten und späterhin Adam Smiths zur Herrschaft gelangt, und bei der Bedeutung, die dadurch jene Wissenschaft errang und den glänzenden Resultaten, die sie damit erzielte, konnte es nicht ausbleiben, daſs diese naturwissenschaftlich-realistische Betrachtungsweise auch auf andere naheliegende Gebiete der Wissenschaft und hier in erster Linie auf die Staatsrechtswissenschaft übertragen zu werden begann. Dies tritt in jener Zeit insbesondere in den staatsrechtlichen Arbeiten Fichtes und Schellings und späterhin vor allem Hegels mehr und mehr hervor. Ein Gleiches finden wir auch bei Gönner. Er selbst hat uns ja bereits in seinem Teutschen Staatsrecht (§ 363) gesagt, daſs der Einfluſs der Wissenschaft von der Staatswirtschaft, die seit Adam Smith zu so groſser Bedeutung herangewachsen sei, also, wie sich aus unseren früheren Ausführungen ergibt, die dadurch veranlaſste realistische Betrachtungsweise des Objektes seiner Wissenschaft, des Staates, in erster Linie es gewesen sei, die ihn veranlaſst, in der grundlegenden Frage nach dem Staatszwecke neue Wege zu gehen, die ihn dann von hier aus zu weiteren Resultaten und im schlieſslichen Ende, wie

[1] Vergl. auch v. Krieken a. a. O. S. 60.

wir gesehen, zu einer neuen Staatsauffassung geführt haben. Es ist deshalb lediglich ein Weiterschreiten auf der bereits eingeschlagenen Bahn und eine in der ganzen Tendenz der Wissenschaft seiner Zeit wohlbegründete Erscheinung, wenn wir seine neugewonnene Staatsidee vor allem naturwissenschaftlich begründet sehen.

So findet Gönners organische Staatsrechtstheorie aus den tatsächlichen politischen Verhältnissen wie aus dem Stande der Wissenschaft seiner Zeit ihre Erklärung.

Wir betonen hier nicht ohne Grund „Staatsrechtstheorie“. Denn die organische Staatsauffassung ward für ihn zum Ausgangspunkte für philosophische und rechtswissenschaftliche Folgerungen, sie gab für ihn so die Grundlage für eine neue Staatsrechtstheorie ab.

So verwarf er beispielsweise, von diesem seinem Standpunkte aus, die Lehre vom Urvertrage und damit die Auffassung des Staates als eines sozietätenähnlichen Gebildes.

Gestützt auf diese Theorie, erklärte er z. B. auch die Monarchie als die allein gerechtfertigte Verfassungsform, indem er (Progr. S. 13) ausführt, daſs jeder Organismus eines Vereinigungspunktes in der Person des Herrschers bedürfe, welche nur eine physische Person sein könne, denn sobald es mehrere Personen wären, müſsten sie einen höheren Vereinigungspunkt haben, um organisch zu sein u. s. w.

Auch für das Völkerrecht glaubte er aus seiner neugewonnenen Auffassung eine Reihe von Folgerungen rechtswissenschaftlicher Natur ziehen zu können (vgl. hierüber Progr. S. 29—31).

Zu einem wissenschaftlichen Ausbau seiner Grundidee ist nun Gönner leider allerdings nicht gekommen. Das Werk Niblers, vielfach phantastisch in den Gedanken wie in der Darstellung, kann auch weiter zur Beurteilung der Anschauungen Gönners nicht herangezogen werden, da Nibler, wenn auch seine Grundanschauung mit der Gönners übereinstimmt, doch in der Ausführung vielfach eigene Wege eingeschlagen hat und Gönner hat auch selbst in seinem mehrerwähnten Programm indirekt zum Ausdruck gebracht, dafs er nicht die Gedanken seines Schülers als die seinen betrachtet wissen wolle[1].

Dafs Gönner sich weiterhin mit diesen seinen geänderten Anschauungen über die Grundfragen der Staatslehre nicht beschäftigt hat, hat seinen Grund in der Tatsache, dafs er nach dem Zusammenbruch des alten deutschen Reichs sich mehr und mehr von den eigentlichen staatsrechtlichen Studien abwandte.

So kam es auch, dafs diese seine organische Staatsauffassung für die Entwicklung der Staatslehre im 19. Jahrhundert ohne Einflufs geblieben ist. Denn gerade in dem wichtigsten Punkte, in dem sie gegenüber der Staatslehre der Naturrechtsschule einen Fortschritt hätte bedeuten können, fand sie weder durch Gönner noch auch durch seinen Schüler eine konsequente Durchführung und Weiterbildung — in der Lehre von der Staatspersönlichkeit!

Solange Gönner auf dem Boden der Naturrechtsschule stand, solange er noch den Gesellschaftsvertrag als den Rechtsgrund des Staates betrachtete, — solange war auch ihm der Staat nur eine durch obligatorische Bande zu einem Kollektivsubjekt zusammengefafste Mehrheit von Individuen. Zwar bezeichnet er den Staat sehr häufig als „moralische Person“, allein als solche erschien ihm derselbe nur im völkerrechtlichen Verhältnisse. Nur für das Verhältnis des Staates nach aufsen verwendet er diesen Begriff (vgl. z. B. sein Werk über Staatsrechtsdienstbarkeiten (1800): S. 65, 91, 112, 114, 115 u. s. f.), indem er dabei übrigens bezeichnenderweise die Begriffe: „Staat“, „Nation“, „Volk“, „Gebiet“ durchweg synonim gebraucht!

---

[1] „An (der Arbeit) habe ich aufser der rohesten Zeichnung des Gebäudes . . . . keinen Anteil. Alles andere, jeder Gedanken zu seiner Begründung gebührt Herrn Nibler.“ (S. 15.)

Für das Verhältnis nach innen aber findet sich bei ihm der Begriff der moralischen Person nirgends. Es tritt hier nur eine Mehrheit von Rechtssubjekten, die im Staate vereinigt nebeneinander sind, in die Erscheinung; eine von diesen unterschiedene eigene einheitliche Rechtspersönlichkeit des Staates, eine „moralische Person“ in diesem Sinne und Zusammenhange kennt er nicht! Im Staate, so äufsert er sich vielmehr in seinem teutschen Staatsrechte (§ 274 VI), darf das Volk vom Staate nicht unterschieden werden!

So ist auch ihm der Begriff „moralische Person“ wie der herrschenden Naturrechtslehre seiner Zeit[1] nichts weiter als ein Mittel, eine Mehrheit von Individuen mit Rücksicht auf eine derselben gemeinsame Sphäre von anderen Rechtspersönlichkeiten formell als Einheit zu unterscheiden, und das erklärt, warum er den Begriff nur für das Verhältnis nach aufsen verwertet und verwerten konnte.

Mit der Änderung seiner ganzen Staatsauffassung trat nun allerdings auch eine solche hinsichtlich der Idee von der Staatspersönlichkeit ein, allein nicht in der Richtung, in welcher man sie hätte erwarten dürfen.

Wenn allen den Staatskonstruktionen, die, wie die spätere Gönnersche, an die Vorstellung des Organismus anknüpfen, der Grundgedanke gemein ist, dafs der Staat als Organismus in die Reihe derjenigen Existenzen zu stellen sei, bei welchen aus der Verbindung der Teile zu einem Ganzen eine von der Summe der Teile verschiedene Lebenseinheit entsteht[2], und wenn wir gesehen haben, dafs die organische Staatsauffassung bei Gönner entstand in dem klaren Bewufstsein von der Unhaltbarkeit der alten Staatslehre, die im Staate lediglich eine Gesellschaft, eine durch Vertrag zu einer Einheit verbundene Mehrheit von Personen erblickte, so befand er sich so zweifellos auf dem besten Wege, um zur Auffassung des Staates als einer eigenen,

---

[1] Gierke: Althusius, S. 198.

[2] Gierke, Die Grundbegriffe des Staatsrechts etc. (Zeitschr. f. d. g. St.W. Bd. 30 S. 269.)

von den in ihm vorhandenen Individuen verschiedenen Rechtspersönlichkeit zu gelangen. Doch ist er leider auf diesem Wege nicht weiter geschritten und das erklärt sich, wie wir weiterhin sehen werden, daraus, daſs sich ihm hier ein bequemer, vielbetretener Seitenweg, man könnte wohl auch sagen Ausweg bot.

Wir finden in den wenigen Schriften staatsrechtlichen Inhalts, die nach 1806 noch erschienen, auch nicht die geringste Spur einer solchen Auffassung. Im Gegenteil!

In seiner 1808 erschienenen Monographie über den Staatsdienst sehen wir ihn, fuſsend auf seiner organischen Staatsauffassung hinsichtlich der Frage der Staatspersönlichkeit, auf einem Standpunkte, den die Staatslehre der Neuzeit, insbesondere seit Hobbes eingenommen hatte, die aber infolge der hauptsächlich durch Rousseau wieder mächtig gewordenen Idee der Volkssouveränetät in der Hauptsache verlassen worden war.

Für ihn tritt nämlich hier der Staat nur durch den Herrscher in die Erscheinung, er faſst den Begriff der Staatspersönlichkeit nunmehr im Sinne der absorptiven Herrscherpersönlichkeit Hobbes'!

Der Ideengang, der ihn dazu geführt, ist leicht zu verfolgen.

War für ihn der Staat ein Organismus, so ergab sich daraus die Notwendigkeit eines „Vereinigungspunktes“ dieses Organismus, der ihm im Herrscher gegeben erschien. In diesem vereinigen sich alle Kräfte, um durch die konzentrierte Kraft auf alles im Staate zu wirken (Progr. S. 13, Staatsdienst S. 30), von ihm gehen deshalb alle Staatsämter aus (Progr. S. 13, Staatsdienst S. 32) u. s. w., er bildet den Mittelpunkt, die Seele des ganzen Staates! Von hier aus ist aber nur noch ein kleiner Schritt zu der Auffassung, daſs die Herrscherpersönlichkeit identisch sei mit der Staatspersönlichkeit, und diesen Schritt hat Gönner denn auch gemacht, wenn er (Staatsdienst S. 32) erklärt: „Es ist unrichtig, wenn manche den Regenten als den ersten Staatsbeamten betrachten, denn er ist der Staat selbst[1]!"

Es ist nun allerdings eine auf den ersten Blick befremdende und merkwürdige Erscheinung, in einer Zeit, in der sich die Idee der Volkssouveränetät in der Wissenschaft einer nahezu unbestrittenen Anerkennung erfreute, die Idee der Fürsten-, der Herrschersouveränetät in ihrer reinsten und extremsten Form wiederum vertreten zu sehen.

Allein diese Erscheinung vermag wohl ihre Erklärung zu finden.

Zunächst ergab sich, rein logisch betrachtet, für Gönner von seiner Grundauffassung aus überhaupt kein anderes Resultat, sobald er nicht zur Idee der Staatspersönlichkeit vorschritt. Mit seiner Auffassung des Staates als eines durch die Natur geschaffenen Organismus liefs sich die durch die Volkssouveränetätslehre bedingte Idee einer den Staat bedeutenden Volkspersönlichkeit schlechterdings nicht vereinbaren. Nun blieb ihm aber nach der anderen Seite, da er sich zur Idee der Staatspersönlichkeit nicht aufschwang, kein anderer Weg übrig, als der, den er eingeschlagen. Konnte ihm der Staat nicht die Summe der in ihm vorhandenen Individuen sein, war er für ihn aber andererseits auch nicht eine von diesen Individuen verschiedene Rechtspersönlichkeit, so mufste ihm eben mit Notwendigkeit schliefslich der Staat in der Persönlichkeit in die Erscheinung treten, die als Vereinigungspunkt dieses Organismus erschien, in der sich alle im Staate vorhandenen Kräfte konzentrierten, die den Mittelpunkt, die Seele desselben bildete — im Regenten!

---

[1] Man vergl. hierzu insbes. noch Anm. f. S. 32, in der er unter dem Hinweise, dafs es durchaus verkehrt sei, das persönliche Dienstverhältnis zum Fürsten dem politischen zum Staate entgegenzusetzen, ausruft: „Wann werden wir doch einmal aufhören, unsere Regenten vom Staate als Gegensätze zu trennen!"

In der ganzen Darstellung in seinem gen. Werke tritt denn auch bei dem Verhältnisse zwischen Staat u. Staatsdiener der Regent an die Stelle des Staates! (Vergl. z. B. S. 40. 83. 273. 274 u. s. f.).

Wissenschaftlich war ja dieser Schritt Gönner erleichtert worden durch die in nicht allzuweit zurück liegender Zeit herrschend gewesene Lehre von der Herrschersouveränetät; er hat damit nur alte, wohlbekannte Bahnen betreten. Auf politischem Gebiete aber, und damit kommen wir auf das zweite wichtige Moment, das die Auffassung Gönners erklärt, waren die Verhältnisse für seine Idee die denkbar günstigsten. Sie schienen dieselbe direkt zu bestätigen.

Hier war gerade in dieser Zeit die Reaktion gegen die in der Revolution praktisch bis zum Extrem durchgeführten Ideen der Volkssouveränetät eingetreten.

Die Revolution hatte in Frankreich mit dem Absolutismus geendet. „Alle Staatsgewalt war wieder in dem monarchischen Haupte in einer Fülle und Stärke individuell vereinigt, welche an das römische Kaisertum erinnerte[1]." Napoleon war der unumschränkte Gebieter und Herrscher geworden, er war „Frankreich" geworden! Neben seiner gewaltigen Persönlichkeit konnte ebensowenig die Idee einer den Staat Frankreich bildenden Volkspersönlichkeit wie die einer eigenen Staatspersönlichkeit sich erhalten und behaupten bezw. entstehen — der Regent war hier der Staat! Gönner weist auch selbst bezeichnenderweise in dieser Richtung gerade bei seinem Satze, dafs der Regent der Staat selbst sei, auf den grofsen Korsen hin. (Staatsdienst S. 32.)

Dazu kommt, dafs auch in deutschen Landen diese Reaktion sich geltend machte, dafs auch hier gegenüber den revolutionären Tendenzen der unmittelbar vorhergegangenen Zeit die absolutistischen Bestrebungen mehr und mehr an Boden gewannen, sodafs zu Gönners Zeiten allüberall in den deutschen monarchischen Territorien der aufgeklärte Despotismus, der Absolutismus, nahezu unumschränkt herrschend geworden war. Auch hier bedeutete tatsächlich der Regent den Staat!

[1] Bluntschli, Geschichte der neueren Staatswissenschaft. S. 570.

Nach alledem nun kann es nicht verwundern, wenn in solchen Zeiten wiederum ein Vertreter der Herrschersouveränetät erstand, der im Verfolge seiner Grundanschauung zu dem Satze gelangte: Der Regent ist der Staat selbst!

Gerade aus diesen Tatsachen können wir den Grund dafür entnehmen, daſs wir bei Gönner auch nicht andeutungsweise den Begriff der Staatspersönlichkeit zu finden vermögen. In diesen Zeiten des ausgeprägten Absolutismus lag es nur zu nahe, daſs auch der Vertreter des organischen Staatsgedankens die Konsequenzen, die sich aus seiner Grundidee für die Frage der Staatspersönlichkeit hätten ergeben können, nicht gezogen, daſs er vielmehr der bequemeren und einfacheren Lösung, die bereits frühere Jahrhunderte versucht, weil sie eben infolge der obwaltenden politischen Verhältnisse am nächsten lag, sich angeschlossen hat.

Nur bezüglich der Frage der Staatspersönlichkeit hätte die organische Staatsidee Gönners von wirklichem und nachhaltigem Einflusse auf die Entwicklung der Staatslehre, der Staatsrechtswissenschaft sein können. Gerade hier aber kam sie zu eigenen und richtigen Ergebnissen nicht — sie blieb infolgedessen bedeutungslos!

IV.

§ 4. Der Souveränetätsbegriff nach Gönner.

Wenn wir im nachfolgenden zur Darstellung zu bringen suchen, wie Gönner das staatsrechtlich wesentlichste Moment des Staatsbegriffes gefaſst hat, so müssen wir zum voraus bemerken, daſs keine seiner staatsrechtlichen Schriften eine knappe, klare und bestimmte Definition dieses Begriffsmomentes enthält. Es gilt, dieselbe aus einzelnen Anhaltspunkten, die sich in seinen verschiedenen positivrechtlichen Arbeiten zerstreut vorfinden, zu konstruieren.

Das Wort, der Ausdruck: „Souveränetät“ in modernem Sinne selbst ist Gönner weniger geläufig, er gebraucht hierfür zumeist den Ausdruck „Majestät“ oder schlechthin „oberste Gewalt“.

Ehe wir uns nun der genaueren Betrachtung des Begriffes selbst, der einzelnen Merkmale desselben zuwenden, erscheint es geboten, die bei der ganzen Darstellung der Souveränetätslehre immer wieder hervortretende Frage nach dem Subjekte bezw. Träger der souveränen Staatsgewalt vorab und eigens zu behandeln, da anderenfalls, zumal in der Hauptsache nur positivrechtliche Arbeiten Gönners in Frage kommen und die hier einschlägigen Verhältnisse im Reiche und in den Territorialstaaten durchaus verschiedenartig gestaltet sind, Unklarheiten wohl kaum dürften zu vermeiden sein.

A.

§ 5. Subjekt und Träger der Staatsgewalt.

In der Zeit, da Gönners bedeutendste staatsrechtliche Arbeiten erschienen, war in der Wissenschaft die Lehre von der Volkssouveränetät nahezu unumschränkt herrschend geworden, jene Lehre, nach welcher alle Gewalt im Staate vom Volke ausging, als Subjekt der Staatsgewalt das Volk d. i. die Summe der im Staate vorhandenen Individuen erschien. Rousseau hatte dieser bereits im Mittelalter, dann insbesondere von den Monarchomachen vertretenen, in der Naturrechtsdoktrin des 17. und 18. Jahrhunderts späterhin herrschend gewordenen Lehre in seinem contrat social eine neue scharfe und glänzende Formulierung gegeben und unter dem Banne seiner Anschauungen standen wie die Männer der französischen Revolution, so auch die Wissenschaft zu Ende des 18. und zu Beginn des 19. Jahrhunderts.

Die Naturrechtslehre hatte auch nach dieser Richtung die konsequenteste aber auch schroffste Durchführung durch Rousseau erfahren. In Deutschland, wo ja die Naturrechtsschule herrschend war, fand diese Rousseausche Volkssouveränetätslehre ihre meisten und überzeugtesten Vertreter, und der einflufsreichsten einer unter diesen war Fichte, der in seinem Naturrecht (1796) die Rousseauschen Ideen der Konstruktion seiner allein rechtmäfsigen Staatsverfassung zugrunde legte; auch Kant hat sich, wie wir späterhin sehen werden, im Prinzip zu der Lehre des grofsen Genfers bekannt.

Gönners Anschauungen finden wir in seinen positivrechtlichen Ausführungen zerstreut vor.

Hier bei der Darstellung der gegebenen positivrechtlichen Normen, sind es vor allem die Verhältnisse im Reiche, die ihn zu einer Äufserung über diese Frage veranlassen mufsten. Gerade die Betrachtung der Verhältnisse im Reiche, der in den immer wiederkehrenden Neuwahlen sich zeigende Charakter des Reiches als einer Wahlmonarchie, war ja schon im Mittelalter die historische Veranlassung zur Konstruktion der Lehre von der Volksstaatsgewalt gewesen [1]. So sagt denn auch Gönner (§ 94 VIII. T.Str.), dafs im Reiche, als einer Wahlmonarchie (vergl. § 93) weit mehr als in Erbreichen sichtbar werde, dafs die Herrscherrechte auf dem Staate selbst haften! Das Subjekt der Herrscherrechte, das Subjekt der souveränen Staatsgewalt ist — der Staat!

Dem Kaiser kommt im Reiche „nur die Ausübung der Reichsrechte", der „obersten Gewalt" zu (§§ 95, 88) und es gibt „gar keine kaiserliche Befugnisse, die nicht Reichsrechte wären". (ebenda!) Der Kaiser erscheint hiernach lediglich als Träger der Reichsstaatsgewalt.

Nach der obigen Äufserung möchte man nun vielleicht der Annahme zuneigen, Gönner habe sich zu der Idee der Staatssouveränetät bekannt. Allein zu dieser modernen Anschauung könnte Gönner nicht gelangen nach dem, was wir oben bei der Frage nach der Staatspersönlichkeit ge-

---

[1] Rehm, Geschichte der Staatsrechtsw. S. 178.

sehen haben. Zu der Zeit, da Gönner sein Teutsches Staatsrecht schrieb, stand er, wenn sich auch bereits Anzeichen für eine Änderung seiner Staatsidee geltend machten, im ganzen noch auf dem Standpunkte der Naturrechtsschule, vertrat auch er deren Staatslehre. Diese aber war von der Idee der Volkssouveränetät beherrscht; nach ihr war Subjekt der Staatsgewalt das Volk —, das Volk aber war identisch mit dem Staate! Die Summe der im Staate zusammengefafsten Individuen bildete den Staat! Wenn man demnach, wie hier Gönner, die Souveränetätsrechte als auf dem Staate selbst haftend bezeichnete, so wollte man damit eben lediglich nur zum Ausdrucke bringen, dafs alle Herrscherrechte vom Volke ihren Ausgang nehmen.

Gönner bekennt sich mit dieser Äufserung ausdrücklich zur Lehre von der Volkssouveränetät.

Dies kann auch nicht dem leisesten Zweifel unterliegen. Solange er nicht zur Idee der Staatspersönlichkeit vorgeschritten, solange ihm „im Staate das Volk vom Staate nicht unterschieden werden“ darf (§ 274), solange „vom Staate die Individuen, woraus er besteht, nicht hinweg gedacht werden können“ (§ 275 IX l. c.), solange konnte naturgemäfs von der Idee der Staatssouveränetät nicht die Rede sein.

Die Lehre von der Volkssaatsgewalt tritt nun bei ihm nicht in der reinen Form, wie wir sie bei Rousseau, Sieyès, Fichte u. a. finden, auf, Gönner steht auch hier, wie in anderen Fragen, unter dem direkten Einflusse Kants, der zwar, wie schon erwähnt, gleichfalls den Rousseauschen Ideen sich zubekannt, jedoch auch hier eigene Gedanken zur Geltung gebracht und die Lehre in einer Weise umgeformt hatte, die den ihr zugrunde liegenden Gedanken nur mehr schwer erkennen liefs. Ihm ist zwar das Volk Souverän, der Regent nur der Agent desselben[1], allein er

[1] Vergl. hierüber u. über das folgende: Rechtslehre § 49.

beseitigt selbst die so theoretisch gegebenen Volksrechte, indem er sie der Herrschergewalt gegenüber dadurch praktisch ohnmächtig macht, daſs er erklärt, dem Untertan stehe es nicht zu, über den Ursprung derselben, als ein noch in Ansehung des ihr schuldigen Gehorsams zu bezweifelndes Recht werktätig zu vernünfteln. Aber nicht bloſs in praktischer Hinsicht, auch theoretisch wandte er sich immer mehr einer von der allgemeinen Lehre abweichenden Anschauung zu, die in Fortbildung des Gedankens von der Entstehung des souveränen allgemeinen Willens (volonté générale) mehr und mehr an die Stelle des empirischen Volkswillens den vernunftgemäſsen setzte und so schlieſslich im Grunde überhaupt der Souveränetät eines lebendigen Subjekts die Souveränetät des abstrakten Vernunftgesetzes substituierte [1].

In dieser modifizierten Form nun finden wir den Gedanken der Volkssouveränetät bei Gönner vertreten.

Er führt in seinem Teutschen Staatsrecht (§ 275 III) aus, der Regent repräsentiere im Staate den allgemeinen Willen (volonté générale) — aber nicht den empirischen, sondern den vernunftgemäſsen — folglich die Vernunft selbst. — So war es ihm ein Leichtes, die Idee der Volkssouveränetät auch für die Darstellung der positivrechtlichen Verhältnisse, die ja vielfach mit dieser Grundidee kontrastierten, beizubehalten, so lieſs sie sich auch mit den zu seiner Zeit herrschenden absolutistischen Tendenzen, deren wir bereits früher Erwähnung getan, ohne besondere Schwierigkeit vereinbaren. War der allgemeine Wille, die volonté générale, die nach der Rousseauschen Lehre allein souverän, nicht mehr identisch zu fassen mit dem tatsächlichen Volkswillen, sondern hatte man darunter nur den vernunftgemäſsen Gemeinwillen zu verstehen, so lag es nahe, einfach die Vernunft selbst als Souverän zu kreieren — denn die Vernunftgemäſsheit ist die Vernunft selbst (Pro-

---

[1] Vergl. Gierke, Althusius S. 209.

gramm II S. 6) — und dann konnte man den in der Empirie gegebenen absolutistischen Herrscher gut auch theoretisch mit der Aufgabe betrauen, die souveräne Vernunft unabhängig von irgendwelcher Einflufsnahme der Gesamtheit selbst zu repräsentieren!

Unter diesen Umständen aber erscheint es nur natürlich, dafs in seiner ganzen Darstellung des positiven Rechtes der Gedanke der Volkssouveränetät überhaupt nicht mehr schärfer und genauer hervortritt, dafs hier immer nur der Träger der souveränen Gewalt, also der Kaiser als „der Souverän“ erscheint.

Auch mit Bezug auf die Territorialstaaten hat Gönner im Grunde an der Lehre von der Volksstaatsgewalt festgehalten, wenngleich er bei seinen näheren Ausführungen bezüglich der weltlichen monarchischen Territorien schliefslich auf einen Standpunkt zu stehen kommt, der ihn als Vertreter der ganz entgegengesetzten Idee der Fürsten-, der Staatsorganssouveränetät erscheinen lassen könnte.

Die Frage nach dem Rechtsgrunde der deutschen Territorialverfassung war es gewesen, in Verbindung mit welcher in den letzten Tagen des Reichs die rechtliche Stellung der deutschen Landesherren eine eingehendere Betrachtung in der Literatur gefunden hatte.

Den Anstofs zu eingehenderen rechtswissenschaftlichen Untersuchungen nach dieser Richtung, zu welchen ja gerade in jener Zeit die politischen Verhältnisse, die machtvolle Stellung der Territorialstaaten im gelockerten Reichsverbande veranlassen mufsten, gab Zachariae mit seiner im Jahre 1800 erschienenen Monographie über den „Geist der teutschen Territorialverfassung“. Indem Zachariae als das Prinzip derselben das Eigentum an Grund und Boden aufstellte und so in der Frage nach dem Rechtsgrunde des einzelnen Territorialstaates der auf dem mittelalterlichen Feudalismus basierenden Patrimonialtheorie zuneigte, mufste ihm bei der in derselben vorwaltenden Verwechslung des privatrechtlichen Eigentumsbegriffes und des staatsrechtlichen Begriffes der Gebietshoheit, der Landesherr als der „Eigentümer", damit als das eigentliche Subjekt aller Gewalt im Staate erscheinen.

Auf ganz anderen Prinzipien baute v. Epplen, der scharfe Kritiker Zachariaes die deutsche Territorialverfassung auf. („Über das Prinzip der deutschen Territorialverfassung". Frankfurt 1803.) Auf dem Boden der Naturrechtsschule stehend, sucht er nachzuweisen, daſs die Landeshoheit wie jede höchste Gewalt, nur auf einem ausdrücklichen oder stillschweigenden Vertrage zwischen Landesherrn und Untertanen beruhen könne (§ 3 ff.). So war für ihn das eigentliche Subjekt der Staatsgewalt nur das Volk, die Untertanen, die im Staate vereinigten Individuen; der Landesherr erscheint lediglich als dasjenige „Subjekt, auf welches die Staatshoheit übertragen ist" (§ 32) i. e. als der bloſse Ausüber der mit der Landesstaatsgewalt verbundenen Rechte. (Über die Modifikationen, denen auch er im Anschlusse an Kant die Volkssouveränetätslehre unterwarf, vgl. beispielsweise § 8 l. c.)

Gönner hat zu der Frage nach dem Rechtsgrunde der Territorialstaaten, veranlaſst durch die Monographien der beiden vorgenannten Schriftsteller, in einer 1803 erschienenen Abhandlung „über das rechtliche Prinzip der teutschen Territorialverfassung" Stellung genommen und in derselben im Zusammenhang mit dieser Frage die rechtliche Stellung der Landesherren, die landesherrliche Gewalt überhaupt einer eingehenderen Betrachtung unterzogen.

Ursprünglich hatte auch er im Anschluſs an Biener (de natura et indole dominii in territoriis germanicis ejusdem effectibus libri II. Halae. 1780) den patrimonialen Gedanken vertreten; vergl. sein Werk über Staatsrechtsdienstbarkeiten (1800) S. 62, 140, 150, 40 u. s. w. In der vorgenannten Abhandlung aber verwarf er nunmehr ausdrücklich diese Konstruktionen, indem er einmal ganz richtig und treffend auf den in denselben enthaltenen, bereits oben besprochenen Grundirrtum mit den

Worten hinwies, dafs „das Privateigentum an sich keinen Grund enthalte, aus welchem der Inbegriff aller Hoheitsrechte abzuleiten“ (S. 15), zum andern aber auch betonte, dafs dieselben schon historisch um deswillen nicht begründet erscheinen, weil die Landesherren zu keiner Zeit das Eigentum an dem ganzen Territorium, über das sich nunmehr ihre Landeshoheit erstreckte, innegehabt hätten (S. 18).

Aber auch der Auffassung v. Epplens erklärte er, sich nicht anschliefsen zu können, und zwar deshalb, weil der ursprüngliche Territorialvertrag, welcher hiernach als das Prinzip der Territorialverfassung erscheine, historisch sich nicht erweisen lasse (S. 21).

Für ihn liegt der nächste Rechtsgrund aller Territorialverfassung in Deutschland in einer Sanktion der unvermerkt gewordenen Territorialgewalt durch die Reichsgrundgesetze (S. 23 f.). Allein er verwirft dabei, und damit kommen wir auf das, was hier unserer Betrachtung unterliegt, keineswegs den von Epplen vertretenen Vertragsgedanken völlig. Er erklärt, es könne gar keinem Zweifel unterliegen, dafs auch die Landeshoheit ihren endlichen und ursprünglichen Rechtsgrund in einem Vertrage (in der Idee) haben müsse (S. 19), denn das oberste Rechtsprinzip aller positiven Bestimmungen der Konstitution eines Staates mufs in dem ursprünglichen Vertrage liegen (S. 17); dieser Vertrag sei aber nicht ein besonderer Territorialvertrag, sondern derjenige, welcher dem deutschen Gesamtstaate zugrunde liegt (S. 27).

Gönner hat sonach auch hier an dem Gedanken festgehalten, der der Volkssouveränetätslehre zugrunde liegt, an dem Gedanken, dafs nur auf das Volk, auf die Gesamtheit der im Staate vorhandenen Individuen alle Gewalt im Staate zurückführen könne, die, durch den Vereinigungsvertrag geschaffen, mittels des Herrschafts- oder Verfassungsvertrags jeweils auf bestimmte, sei es physische, sei es moralische Personen übertragen wurde. Also auch in den Territorialstaaten leitet sich die Staatsgewalt, die Landeshoheit im Grunde vom Volke her, ist also im strengsten Sinne das Volk, und zwar wie Gönner will, das ganze deutsche Volk Subjekt der Staatsgewalt.

Gönner steht auch hier prinzipiell auf dem Standpunkt der Volkssouveränetätslehre.

Die unzweifelhafte Bestätigung hierfür finden wir in seinen bereits oben citierten Äufserungen in seinem Teutschen Staatsrecht (§ 275 III), die sich keineswegs lediglich auf das Verhältnis im Reiche beziehen, sondern nach ihrer allgemeinen Fassung und bei dem Umstande, dafs sie zur rechtlichen Begründung eines der von ihm aufgeführten Hoheitsrechte, die ja in der Landeshoheit ebenso wie in der Reichshoheit enthalten sind, verwendet werden, zweifellos auch auf die einzelnen Territorialstaaten bezogen werden müssen. Gerade diese sind es ja gewesen, die ihn veranlafst, im Anschlusse an Kant den Volkssouveränetätsgedanken in die Form zu kleiden, in der er ihn dort vorträgt, da es eben für ihn galt, dieses damals herrschende wissenschaftliche Grundprinzip mit den hier in den Einzelstaaten bestehenden tatsächlichen Verhältnissen, die bei ihrer absolutistischen Färbung demselben eigentlich direkt widersprachen, nach Möglichkeit in Einklang zu bringen.

Wenn nun aber auch so feststeht, dafs Gönner im Prinzip an der Lehre von der Volksstaatsgewalt festgehalten hat, so gerät er doch bei seinen näheren Ausführungen über die rechtliche Stellung der deutschen Landesfürsten auf einen von seiner Grundanschauung durchaus verschiedenen Standpunkt, zu einer Auffassung, die der Idee von der Volkssouveränetät direkt entgegengesetzt ist.

Es ist das ein offensichtlicher Widerspruch in seinen Anschauungen, der nur aus politischen und historischen Momenten seine Erklärung zu finden vermag.

Allerdings, in der abgeschwächten Form, in der Gönner die Volkssouveränetätslehre acceptiert hat, konnte ihr eine besondere, weitergehende praktische Bedeutung nicht zukommen und wenn wir sehen, dafs nach Gönners Auffassung bei der Frage nach dem Rechtsgrunde der Territorialstaaten die mit der Idee von der Volksstaatsgewalt untrennbar verbundene Vertragstheorie ganz zurücktritt und ihre unmittelbare Anwendbarkeit für die Erklärung der Entstehung der einzelnen Territorialstaaten überhaupt negiert wird, so kann es nicht allzu auffällig erscheinen, wenn die Volkssouveränetätslehre hier völlig zurücktritt und im schliefslichen Ende ganz verloren geht.

Allein ein genügendes Erklärungsmoment vermag das zweifellos nicht abzugeben; der eigentliche Grund hierfür liegt auf einem anderen Gebiete. Wir werden unten darauf zurückkommen.

Betrachten wir zunächst die bezüglichen Ausführungen Gönners in Kürze etwas näher.

Man würde, so erklärt er (Programm I, S. 5 ff.), auf ungeheure Abwege geraten, wollte man aus der Tatsache, dafs die Landesherren Regenten ihrer Länder seien, ohne die positiven Quellen des teutschen Staatsrechts im Auge zu behalten, zermalmende Konsequenzen ziehen, insbesondere wäre es durchaus unrichtig und irreführend, wollte man die Verhältnisse eines teutschen Fürsten zu seinem Lande nach den Grundsätzen von Erbmonarchien abmessen. Denn, so fährt er hier fort, „die in Teutschland von jeher üblichen Länderteilungen, Verkäufe und Vertauschungen, selbst das neueste Entschädigungsgeschäft“ — er meint den Reichsdeputationshauptschlufs von 1803 — „wobey niemals ein Fürstenthum, sondern allemal nur der Erbfürst entschädigt wurde, beweisen deutlich, dafs zwischen einer Erbmonarchie und einem teutschen Erbfürstenthum ein mächtiger Unterschied, dafs dem letzten das Merkmal eines Eigenthums beygemischt sey.“ Zur Bekräftigung seiner Ansicht greift er insbesondere auf die Verhandlungen und die Bestimmungen des Westfälischen Friedens zurück und kommt so am Ende zu dem späterhin auch in seinem Teutschen Staatsrecht (vergl. z. B. §§ 227 IV; 229 II; 233 I; 235 III; 244 V.) verwerteten Resultate, daſs die Landeshoheit von der Staatsgewalt nach Grundsätzen des allgemeinen Staatsrechts, darin sich wesentlich unterscheide, daſs sie selbst „im Eigentum der weltfürstlichen Familie stehe". (S. 9.)

Der Landesherr hat also nach ihm ein eigentumgleiches Recht auf die Herrschergewalt über das Territorium, er erscheint so als Subjekt der Territorialstaatsgewalt[1]; er repräsentiert und verkörpert den Staat, der Regent steht an Stelle des Staates, die Staatspersönlichkeit geht in der Persönlichkeit des Regenten, in der Herrscherpersönlichkeit auf.

Diese Auffassung, die unter den unmittelbaren Vorgängern Gönners mit Bezug auf die Territorialstaaten auch J. J. Moser und Pütter vertreten haben, hat nun zweifellos ihre gute historische Begründung. Die Territorialstaaten waren durch ihre Fürstenhäuser geworden, die Entwicklung ihrer Macht und ihres Einflusses stand in engstem Zusammenhange mit der Geschichte der regierenden Familie, die Partikularstaaten, wie sie sich seit dem Westfälischen Frieden, „in dem der Landeshoheit das konstitutionelle Siegel aufgedrückt wurde" (S. 7), entwickelten, waren im Grunde nichts als Schöpfungen ihrer Dynastien.

So war es nicht zu verwundern, wenn hier das Verhältnis von Fürst und Staat oder besser von Regent und Volk nicht nach den Grundsätzen der Volkssouveränetätslehre konstruiert wurde, wenn hier der Darsteller der positiv-rechtlichen Verhältnisse bekannte, daſs die aus diesen zu ziehenden Folgerungen mit den Normen des allgemeinen Staatsrechts sich nicht vereinen lieſsen, vielmehr von denselben wesentlich sich unterschieden (vergl. T.St.R. § 227 IV. Pr. S. 9), wenn hier die herrschende Idee von der Volksstaatsgewalt völlig zurücktrat.

---

[1] Man vergl. hierher insbes. auch T.St.R. § 53 und die dort von Gönner getroffene Gegenüberstellung der rechtlichen Stellung der Landesherren und der Magistrate in den republ. Territorien.

In einer in der Hauptsache auch für Gönners Darstellung zutreffenden Weise bringt Bornhak (Allgemeine Staatslehre S. 35) dies zum Ausdruck, wenn er sagt: „Trotz alles Einflusses der Naturrechtsphilosophie konnte man ernstlich nie auf den Gedanken kommen, ein preufsisches, bayrisches, lippesches Volk habe sich seine Staaten geschaffen und hierdurch, im Besitze der Souveränetät, sich seine Dynastie berufen. Die Verkörperung des Staates in der Person des Monarchen, die Negierung des Prinzips der Volkssouveränetät mit allen seinen Konsequenzen stand also für die deutschen Einheitsstaaten als unerschütterliche historische Tatsache fest. Die Persönlichkeit des Staates ist nichts anderes als die staatsrechtliche Persönlichkeit des Monarchen, wie sie sich, erhaben über die Grenzen menschlicher Lebensdauer vermöge der Thronfolge innerhalb der Dynastie forterbt."

Bezüglich der Reichsstädte steht Gönner gleichfalls auf dem Standpunkte der Lehre von der Volkssouveränetät. Die Landeshoheit ruht nach ihm (§ 261 II) auf der Stadt selbst. Er bezeichnet es als falsch, dieselbe dem Magistrate zuzuteilen, denn diesem komme blofs die Ausübung derselben zu. Er beruft sich hier auf ein Reichshofratskonklusum vom 11. Oktober 1746, in dem ausgesprochen ist, dafs „der Magistrat in der Tat nichts anderes sei, als ein Kollegium solcher Männer, die auctoritate caesarea von der Bürgerschaft erwählt werden, nicht jure proprio zu regieren, sondern als bestellte administratores dem gemeinen Wesen vorzustehen."

Hierbei kann es nun nach den früheren Ausführungen einem Zweifel nicht unterliegen, dafs Gönner auch hier, wenn er sagt, dafs die Landeshoheit auf der Stadt selbst hafte, noch nicht die Idee der Staatssouveränetät vertritt, dafs er mit dem Begriffe der Stadt in gleicher Weise hier die Bürgerschaft bezeichnen will, wie er bei Darstellung des Verhältnisses im Reiche die Bezeichnung „Staat" für „Volk" gebraucht hat. Das erweist auch schon das von ihm angezogene Reichshofratskonklusum, in welchem ja ausdrücklich betont ist, dafs von der Bürgerschaft im Territorium der Reichsstadt alle Regierungs-, alle Herrschergewalt ausgehe.

Bezüglich der geistlichen Territorialstaaten, deren Bedeutung zu der Zeit, da Gönner sein Teutsches Staatsrecht schrieb, eine ganz minimale geworden war, da nach Berichtigung des Lüneviller Friedens nur mehr 3, das Erzkanzellariat Regensburg und die beiden geistlichen Ordensmeister des Deutschen und des Johanniterordens, erhalten geblieben waren, hat sich Gönner über die Frage nach dem Subjekt bezw. Träger der Territorialgewalt des näheren nicht ausgelassen. Da sie jedoch als Wahlstaaten (§ 229 II) erscheinen, so trifft auch für sie zu, was Gönner mit Bezug auf die Wahlreiche anderwärts (§ 94 VIII) ausgesprochen, dafs nämlich bei ihnen im besonderen Grade die Tatsache augenscheinlich werde, dafs die Souveränetätsrechte „auf dem Staate selbst haften"!! (Vergl. hierüber oben!)

Dafs Gönner späterhin bei seinen geänderten Anschauungen über Natur und Wesen des Staates von der Volkssouveränetätslehre völlig sich abgewandt hat und ein energischer Vertreter der Idee von der Fürstensouveränetät wurde, haben wir bereits früher bei der Lehre von der Staatspersönlichkeit zugleich mit den Gründen für diese Erscheinung eingehender erörtert.

Wir können in dieser Beziehung auf unsere obigen Ausführungen verweisen.

B.

§ 6. Die Merkmale des Souveränetätsbegriffes.

a. Die höchste Gewalt.

Als das wichtigste und vornehmste Element und Merkmal des Souveränetätsbegriffes erscheint das der höchsten Gewalt.

Schon die Tatsache, daſs der Ausdruck „oberste, höchste Gewalt“ zumeist identisch mit „Souveränetät“ gebraucht, schlechthin an dessen Stelle gesetzt wird, erweist das zur Genüge und wenn wir sehen, daſs Gönner dies durchweg in seinen sämtlichen positivrechtlichen Arbeiten getan, so entnehmen wir hieraus die eigentlich an sich schon eines besonderen Beweises nicht bedürftige Tatsache, daſs auch nach ihm die höchste Gewalt als das Hauptmerkmal der Souveränetät erscheint.

Den Ausdruck „souverän“, „Souveränetät“ gebraucht Gönner nur zur Bezeichnung einer Eigenschaft dieser „obersten Gewalt“, der Unabhängigkeit nach auſsen, also modern ausgedrückt im Sinne von völkerrechtlicher Souveränetät[1].

Erscheint Gönner nun an sich die höchste Gewalt, die summa potestas, als das wichtigste Element des Souveränetätsbegriffes, so steht er auch, was den Inhalt derselben anlangt, prinzipiell auf dem Standpunkte der Bodinschen Schule, die vollständige Unabhängigkeit sowohl im Verhältnisse nach innen, wie auch nach auſsen hin erfordert.

Die Betrachtung der Darstellungen Gönners mag für den ersten Blick die Richtigkeit dieser Behauptung fraglich erscheinen lassen. Ein näheres Eingehen in seine an den verschiedensten Stellen sich findenden Ausführungen läſst jedoch das nicht zweifelhaft werden.

Man darf hierbei zunächst allerdings nicht auſser acht

[1] So nennt er z. B. die „freyen Völker“ des Völkerrechts „souveräne Staaten“, denen er die deutschen Territorien und Länder, die nicht „im vollen Zustande der natürlichen Unabhängigkeit“ sich befinden, vielmehr noch „einen gemeinsamern Oberen“ über sich anerkennen, als „halbsouveräne Staaten“ gegenüberstellt (vergl. Staatsrechtsdienstb. S. 151, 152 etc., ferner Teutsches St.R. § 227). Erst mit den Umwälzungen und Veränderungen, die das Jahr 1806 mit sich brachte, gelangten letztere, so führt er in seinem 1807 erschienenen Schriftchen „Über den Umsturz der deutschen Staatsverfassung“ (S. 11) aus, in „den vollen Genuſs eines ganz völkerrechtlichen Zustandes“, muſsten ihre Fürsten nicht mehr „bloſs mit der zweideutigen Rolle von halbsouveränen Fürsten“ sich begnügen, erschienen vielmehr „mit neuem Glanze als ganz souveräne Herrscher“.

lassen, daſs es bei Darstellung des positiven Rechtes des deutschen Reiches nur allzuschwer fallen muſste, den von Bodin mit so groſser Schärfe betonten Grundsatz der Notwendigkeit der völligen Unabhängigkeit des Souveräns festzuhalten. Wohl mochte der auf französischem Boden erwachsene Begriff sich voll und ganz mit den dort gegebenen positivrechtlichen Verhältnissen decken und gerade hieraus auch gewissermaſsen deduktiv seine Richtigkeit und damit seine Existenzberechtigung erweisen — in Deutschland hatte wegen der hier gegebenen abweichenden politischen und positivrechtlichen Verhältnisse der Begriff trotz seiner bestechenden logischen Schärfe und Präzision notgedrungen zuerst Widerspruch gefunden und von Paurmeister herab bis auf die Zeit, deren Betrachtung uns obliegt, finden wir deshalb teils scharfe prinzipielle Opposition, teils, und das hauptsächlich bei den Darstellern des positiven Rechtes, des deutschen Staatsrechtes, ein Unvermögen, den Begriff mit den positivrechtlichen Normen in Einklang zu bringen, was zum Teil von denselben auch offen bekannt wird.

Gerade der Begriff der obersten Gewalt als Ausdruck der völligen Unabhängigkeit nach innen und auſsen war mit der Stellung der Partikularstaaten, der Territorien im Reich, die man nach ihrer politischen Stellung doch als besondere Staaten ansehen muſste, überhaupt nicht zu vereinen. Und so sehen wir denn auch Gönner in seiner Darstellung schwanken.

Er spricht in seinem Teutsch. St.R. von einer obersten Gewalt des Reiches (§§ 88, 90, 95, 104 ff.) und stellt daneben eine oberste Gewalt der einzelnen Gliedstaaten. Er führt aus § 226: „Der teutsche Staat wird in allen seinen Theilen durch eine besondere, jedem Theile eigene oberste Staatsgewalt . . . . . regiert.“ Diese Gewalt wird „Landeshoheit“ genannt und „enthält den Inbegriff aller in der obersten Gewalt nach dem rationellen Staatsrecht liegenden Rechte und zwar in der Einheit des Begriffes einer Herrschergewalt“ und dergestalt, daſs die derselben zuzusprechenden

Herrscherrechte mit der Entwicklung des Umfanges derselben im allgemeinen Staatsrechte gleichen Schritt hält. (§ 227).

Diese oberste Gewalt ist aber der obersten Gewalt des Reichs untergeordnet. (§§ 226, 227, 90, 92 etc.) Die Reichsgewalt ist die höhere Gewalt (§ 227 III) und es ist demzufolge nach ihm eine „obere“ und eine „oberste Gewalt“ in Teutschland vorhanden (Prinzip d. Terr.V. S. 19), von denen aber erstere gleichwohl als oberste id est höchste Gewalt im Sinne des allgemeinen Staatsrechts zu erachten ist. Das deutsche Reich bildet einen Einheitsstaat (§ 88 f.) und die einzelnen Territorien, obwohl selbständige und eigene Staaten (§ 90), sind der Reichshoheit subordiniert, die Landeshoheit steht zur Reichsgewalt lediglich im Verhältnis einer Reichsanstalt zur Regierung der Teile des deutschen Staates. (§ 228. Prinzip d. T.V. S. 23 ff.)

Aus dem Prinzip der Staatseinheit resultiert nun für die Territorialstaaten eine Reihe von Rechtsfolgen, von Verbindlichkeiten, die eine völlige Unabhängigkeit derselben weder nach aufsen noch auch nach innen gegeben erscheinen lassen.

Was zunächst das Verhältnis nach aufsen, also die Frage der völkerrechtlichen Souveränetät betrifft, so wird von Gönner in dieser Beziehung neben der Tatsache des Verbotes der Selbsthülfe unter den Territorien insbesondere die Bestimmung des Westfälischen Friedens (Art. VIII, § 2) hervorgehoben, wonach die Reichsstände zwar das Recht des Abschlusses von Bündnissen mit auswärtigen Nationen haben, ita tamen, ne eius modi foedera sint contra Imperatorem et Imperium-fiantque salvo per omnia juramento, quo quisque Imperatori et Imperio obstrictus est.

Aber auch für das Verhältnis nach innen, die Frage der staatsrechtlichen Souveränetät der Territorialstaaten, sieht er sich genötigt, eine Reihe von Momenten aufzuführen, die mit der Unabhängigkeit, der Selbständigkeit derselben nach innen, von der er beispielsweise § 324 II ausdrücklich spricht, sich nicht vereinen lassen und die nach seiner eigenen Erklärung den Vorschriften des allgemeinen Staatsrechts widerstreiten.

Hierher sind vor allem die kaiserlichen Reservatrechte zu rechnen (§ 227 III. 5), unter welchen nach seinen Ausführungen in § 105 jene Rechte zu verstehen sind, „welche zwar an sich aus dem Begriff der obersten Gewalt hervorgehen, aber entweder zum Komplexus der teutschen Landeshoheit nicht gehören(!!), sondern dem Rechte nach in der kaiserlichen Gewalt liegen" .... — also eine begriffliche Einschränkung der obersten Gewalt im Territorium, der Landeshoheit! — oder ausnahmsweise neben dem Landesherrn auch vom Kaiser in den Territorien ausgeübt werden können — also eine tatsächliche Beschränkung der landesherrlichen Gewalt nach innen zur Folge haben.

Daneben hebt Gönner noch mit besonderer Schärfe als dem rationellen Staatsrecht widerstreitend hervor, dafs „die Staatskonstitution eines teutschen Territoriums zur Schmälerung wesentlicher Hoheitsrechte nicht einmal mit Einstimmung des Landesherrn und der Untertanen willkürlich abgeändert werden kann". (§ 228, vergl. auch § 256 X.)

Also auch für das Verhältnis nach innen bedeutet das Prinzip der Staatseinheit eine Beschränkung der Landeshoheit, der Landesstaatsgewalt, der „obersten Gewalt" des Territoriums.

Wie läfst sich nun die Tatsache erklären, dafs Gönner, obwohl er eine Reihe von Momenten hervorzuheben sich gezwungen sieht, die dem Begriffe der völligen Unabhängigkeit, der auch nach der herrschenden Lehre seiner Zeit der obersten Gewalt wesentlich ist, widerstreiten, gleichwohl von einer „obersten Gewalt" der Territorien spricht?

Den Begriff zu diesem Behufe lediglich politisch zu fassen, geht nicht an; er ist nur rechtlich gedacht, wie ja schon einzig aus der Tatsache entnommen werden mufs, dafs er unter denselben alle in der obersten Gewalt nach dem rationellen Staatsrechte liegenden Rechte subsumiert wissen will.

Rechtlich gefafst, kontrastiert er aber, wie Gönner selbst hervorhebt, mit den Grundlehren des allgemeinen Staatsrechts (vgl. auch § 2 T.St.R.).

Würde Gönner bei Darstellung des Rechtes der Territorialstaaten lediglich Momente hervorzuheben gehabt haben, die nur die Abhängigkeit derselben im Verhältnisse nach aufsen betrafen, so könnte man auf Grund seiner Ausführungen, wenn er dann gleichwohl von einer obersten Gewalt der Partikularstaaten sprach, der Annahme zuneigen, er habe, modern ausgedrückt, bereits auf Grund der im positiven deutschen Rechte gegebenen Verhältnisse eine begriffliche Scheidung zwischen völkerrechtlicher und staatsrechtlicher Souveränetät in der Weise getroffen, dafs er erstere als zum Begriff des Staates wesentlich nicht erachtete. Es wäre dies umsoweniger auffällig gewesen, als ja die äufsere, die absolute Unabhängigkeit ein begrifflich nicht erforderliches, willkürliches Annex des Bodinschen Souveränetätsbegriffes bildet, das Bodin selbst nur mit Rücksicht auf die Verhältnisse seines französischen Vaterlandes, dessen Fürst für sich volle Unabhängigkeit auch nach aufsen hin, insbesondere dem Reiche gegenüber beanspruchte, seiner Definition beigefügt hat. Es wäre nur zu verständlich gewesen, wenn nicht abstrakte Untersuchung, sondern eine auf der Darstellung anders gestalteter politischer und positivrechtlicher Verhältnisse aufgebaute, also rein empirische Betrachtungsweise dieses Merkmal, das ja selbst in erster Linie Produkt politischer Betrachtung war, als begrifflich zum Wesen der Souveränetät, mithin zum Staatsbegriffe nicht erforderlich eliminiert hätte. Allein dies trifft für Gönner nicht zu. Seine Darlegungen beschränken sich, wie wir gesehen, keineswegs auf Momente, die nur die Abhängigkeit der Territorialstaaten im Verhältnisse nach aufsen betreffen; davon abgesehen aber bezeugen eine Reihe teilweise bereits erwähnter, teilweise noch aufzuführender Aussprüche, dafs er sich hinsichtlich der Lehre von der höchsten Gewalt im allgemeinen, also insbesondere auch nach der eben erörterten Richtung von Bodinschem Einflusse nicht frei weiſs und damit auch sich, wie wir anfügen wollen, von den Anschauungen der herrschenden Lehre seiner Zeit nicht entfernt.

Daſs er selbst darauf hinweist, daſs die positivrechtlichen Normen mit dem rationellen Staatsrechte nicht übereinstimmen, kann naturgemäſs für sich allein als vollgültiger Beweis hierfür nicht angesehen werden, allein eine zusammenfassende Darstellung seiner Auffassung von dem Wesen der „souveränen" oder, wie er es ausdrückt, „höchsten, obersten Gewalt", die in einzelnen Äuſserungen in seinen verschiedenen Werken zerstreut zum Ausdrucke kommt, läſst das nicht zweifelhaft erscheinen.

Ihm stellt sich die „oberste Gewalt", sei es im Reiche, sei es in den Territorialstaaten, wo sie, wie wir oben bei der Lehre vom Subjekte bezw. Träger der Staatsgewalt gesehen haben, zumeist im Herrscher, im Landesherrn personifiziert ist, was zunächst das Verhältnis nach innen anlangt, dar als ein Komplexus von Hoheitsrechten, eine Gewalt, welche über das ganze Land sich erstreckt (Staatsr.Dienstb. S. 173, 66), von der alle Rechte im Staate ausgehen (T.St.R. § 324), für welche immer die Vermutung streitet (T.St.R. § 230 II), die das Land in allen seinen Teilen und nach allen Ausflüssen der Herrschergewalt zu regieren hat (Prinz. d. Terr.V. S. 23, Staatsr.Dienstb. S. 44. 165, T.St.R. § 228, Umsturz d. d. St.V. S. 19), über sämtliche Untertanen ohne Ausnahme sich erstreckt (Staatsr.D. S. 42) und zu unbedingtem Gehorsam verpflichtet (T.St.R. § 230 II).

Was das Verhältnis dieser „höchsten Gewalt" nach auſsen, anderen Staaten gegenüber betrifft, so haben wir bereits gesehen, daſs er als Subjekte des Völkerrechts, mithin als vollgültige Staaten nur diejenigen bezeichnet, welche „unabhängig" sind und zwar „im vollen Zustand der natürlichen Unabhängigkeit" sich befinden (Str.Dienstb. S. 51. 151 u. s. w.), „keine obere Gewalt, keine positive Gesetzgebung über sich anerkennen und nicht Mitglieder eines Staates sind" (Str.Dienstb. S. 15), auch „keinen höheren Richter" über sich haben (l. c. S. 31), Staaten, denen er ausdrücklich die „halbsouveränen" deutschen Territorien gegenüberstellt (l. c. S. 151, 152 u. s. w.) und wenn er späterhin selbst (in seinem Schriftchen „Über den Umsturz der deutschen Staatsverfassung" 1807) besonders darauf hinweist, daſs die „Souveränetät im äuſsern und der Unterthanennexus im innern Verhältnisse", die man mit Bezug auf die Territorialstaaten und das Reich früher in Einklang zu bringen versucht habe, „sichtbare Widersprüche" seien, „welche die Schriften der Gelehrten nur durch Aufbiethung des gröſsten Scharfsinnes scheinbar zu heben vermochten", und daſs die Begriffe „Staatshoheit und Staatsunterwürfigkeit", die man beide nebeneinander den Territorialstaaten zugesprochen habe, einander ausschlieſsen (S. 26), so erhellt hieraus klar und deutlich, daſs auch er begrifflich für die höchste Gewalt die vollständige Freiheit und Unabhängigkeit derselben auch im Verhältnisse nach auſsen fordert.

Nach alledem ergibt sich: Nur die höchste Gewalt, die summa potestas in Bodinschem Sinne, d. h. im Sinne völliger Unabhängigkeit nach innen wie nach auſsen ist für Gönners Staatslehre maſsgebend.

Daſs die Anwendung dieses Begriffes auf das deutsche Reich für ihn keine Schwierigkeit hatte, ist klar. Die Unabhängigkeit der Reichsgewalt nach auſsen hebt er mit Schärfe hervor, indem er in § 462 seines T.St.R. ausführt: „Die Selbständigkeit Teutschlands in Beziehung auf andere ihm koexistierende Völker läſst sich nicht bezweifeln und alles, was als Folge der völkerrechtlichen Unabhängigkeit und Gleichheit anzusehen ist, tritt in seiner ganzen Ausdehnung ein, so oft Teutschland in seiner Gesamtheit gegen andere Staaten in Betrachtung kommt."

Die absolute Unabhängigkeit des Reiches im Verhältnisse nach innen aber ist bei seiner Darstellung schon gesichert dadurch, daſs nach seiner Auffassung die einzelnen

Landeshoheiten nur „Staatsanstalten“ des Reiches sind, durch welche die Reichsgewalt ihrer Verpflichtung, das Reich in allen seinen Teilen und nach allen Ausflüssen der Herrschergewalt zu regieren, genügt, daſs demzufolge die Landeshoheit sich nur als eine aus der Reichshoheit flieſsende, durch die Reichsgrundgesetze den Landesherren übertragene Gewalt sich darstellt. (Prinzip der t. Terr.Verf. S. 23 ff., T.St.R. § 228 I.)

Anders stand es mit der Anwendung des Begriffes auf die Territorialstaaten; hier ist Gönner gescheitert und muſste wohl auch scheitern, wie wir im nachfolgenden teilweise mit seinen eigenen Worten darzutun versuchen wollen; hier gilt auch für ihn, was er, wie wir schon gesehen, späterhin bezüglich der von den Gelehrten in dieser Richtung gemachten Versuche ausgesprochen hat, daſs es nämlich trotz Aufwendung des gröſsten Scharfsinnes nur scheinbar gelang, die positivrechtlichen Verhältnisse und die Forderungen des rationellen Staatsrechts in Einklang zu bringen.

Der Grund hierfür liegt in den politischen Verhältnissen jener Zeit. Der Reichsverband war gelockert, das Reich selbst politisch ohnmächtig; die Territorialstaaten waren zu „colossalischer Gröſse“ (Prinz. S. 7) herangewachsen, sie waren allmählich zu Staaten geworden, die sich politisch mit der „halbsouveränen“ Stellung, die ihnen das deutsche Staatsrecht zuerkannte, nicht mehr begnügen konnten und begnügten, die die „Staatsunterwürfigkeit“, in welcher sie positivrechtlich zum Reiche standen, z. T. überhaupt nicht mehr, z. T. nur formell und nur unvollkommen anerkannten, Staaten, die man, auſser Zusammenhang mit der geschichtlichen Entwicklung und lediglich nach ihrer derzeitigen politischen Stellung betrachtet, ohne besondere Bedenken als „souverän“ hätte bezeichnen können. Lassen wir hier Gönner selbst das Wort.

Nachdem er (Umsturz S. 28 ff.) in eingehender Weise dargestellt, wie es von jeher das Streben der mächtigeren Territorialstaaten, insbesondere Österreichs, gewesen, die

Schranken, die der Reichsverband ihnen setzte, zu durchbrechen, die Fesseln, die ihnen das Prinzip der politischen und rechtlichen Einheit des deutschen Staatskörpers auferlegte, zu zerreifsen und wie dieses Streben auch bei der wachsenden Bedeutung der Gliedstaaten mehr und mehr von Erfolg gekrönt war, fährt er (S. 32 a. a. O.) fort: „Auf diese Art herrschte das Gesetz gar nicht, weder gegen die mächtigen Reichsstände, welche nicht der Staatsgewalt gehorchten, sondern nur einer völkerrechtlichen Übermacht wichen, noch gegen die schwächeren, welche das Gesetz nicht als Gesetz, sondern in demselben nur ihre eigene Konvenienz respektierten" und es wurden von nun an „alle wichtige Angelegenheiten im Reiche nicht mehr als Gegenstände der Subsumtion unter das Gesetz, sondern als Objekte diplomatischer Unterhandlungen angesehen;" nicht „Richtersprüche", sondern „Völkerverträge" waren entscheidend geworden. Die Beispiele, die er zahlreich aufführt und die die Geschichte ja vielfach zu vermehren imstande wäre — man gedenke hier nur eines der prägnantesten Beispiele, der Tatsache des Basler Friedens vom 25. April 1795, welchen der König von Preufsen zugleich in seiner Eigenschaft als Reichsstand, als Kurfürst von Brandenburg mit Frankreich abschlofs! — erweisen ja voll und ganz die Richtigkeit seiner Behauptung. „Alles das aber bewährte, dafs der deutsche Staat in der That aufgelöst und Deutschland ohne alle Verfassung war, weil die gesetzliche, welche Deutschland als einen Staat ergriff, nicht gehandhabt werden konnte und die wirkliche, eine Art von Staatenbund, weder dem Gesetze, noch vielen anderen Staatseinrichtungen, noch den zu ungleichartigen Theilen anpafste" (a. a. O. S. 35). Kann es unter diesen Umständen wundernehmen, wenn der Darsteller des positiven deutschen Staatsrechts, der naturgemäfs an der Idee von der rechtlichen Einheit des Reiches und damit der „Staatsunterwürfigkeit" der Territorialstaaten festhalten mufste, trotzdem, trotz der Konsequenzen, die sich logisch aus diesem Prinzipe ergeben mufsten, den Mächten, die politisch eine solch' hervorragende Stellung einnahmen, für die, auch die kleineren Territorien nicht ausgenommen, die Schranke der übergeordneten Gewalt des Reiches in Wirklichkeit politisch und vielfach auch rechtlich nicht mehr bestand, prinzipiell die oberste, die höchste Gewalt im Sinne des allgemeinen Staatsrechts zuerkennen zu sollen glaubte? Allerdings — es kann und konnte das, er gesteht das ja späterhin selbst zu (a. a. O. S. 26), nur mit Einschränkungen und damit auf Kosten des Prinzips geschehen.

Über die tatsächlich gegebenen, positiven Vorschriften, die der Annahme einer obersten Gewalt der Territorien im Sinne einer vollständigen rechtlichen Unabhängigkeit derselben im Verhältnisse nach aufsen wie nach innen widerstritten, galt es eben sich hinwegzusetzen. Gönner konnte dann nichts weiter tun, als was er wirklich getan: diese einschränkenden positivrechtlichen Normen aufführen und dann hinzufügen: Alle diese Merkmale unterscheiden zwar die landesherrliche Gewalt von der Herrschergewalt, welche das rationelle Staatsrecht darstellt, sehr merklich — allein diese unterscheidenden Merkmale, diese Ausnahmen, sie bestätigen nur die Richtigkeit der aufgestellten Regel, nämlich des Satzes: „Die Landeshoheit enthält den Inbegriff aller in der obersten Gewalt nach dem rationellen Staatsrecht liegenden Rechte!"

Der Staatsrechtslehrer hat hier dem Politiker ein Opfer gebracht!

Nachdem wir gesehen, dafs Gönner mit Bezug auf das Merkmal der höchsten Gewalt als Element des Souveränetätsbegriffes von den Anschauungen und der herrschenden Lehre seiner Zeit, die ganz unter Bodinschem Einflusse standen, nicht abgewichen ist, so kann nur auf diese Weise der Widerspruch, in den er sich hier bei Darstellung der Rechtsstellung der Territorialstaaten verwickelte, erklärt und teilweise wenigstens entschuldigt werden.

§ 7. b. Entbundenheit vom Gesetz.

Als legibus soluta hatte Bodin die summa potestas bezeichnet und hierunter die Freiheit von jedweder Rechtsschranke verstanden. Lange und heftig wogte der Kampf, der um dieses Begriffsmerkmal bis in das 19. Jahrhundert geführt wurde, und je energischer Bodin selbst und seine Schule die absolute Notwendigkeit desselben für den Begriff der souveränen Gewalt verfochten hatte, um so heftiger waren die Angriffe der sich entwickelnden konstitutionellen Doktrin auf dasselbe, den Satz von der legibus solutio principis, der in seiner unbeschränkten Geltung die reine Herrschaft der fürstlichen Willkür bedeutete, gewesen. Langsam ward so dieser Satz in seiner ursprünglichen Schroffheit gemildert und Stein auf Stein ward gefügt zur Herstellung der Schutzmauer eines für alle Faktoren im Staate verbindlichen Verfassungsrechtes gegen die drohende, überwältigende Macht einer von allen Rechtsschranken befreiten, souveränen Herrschergewalt. Schlechthin verworfen wurde der Satz, von wenigen Ausnahmen abgesehen, nicht; er hatte seine Berechtigung, die sich logisch aus dem Begriffe der Souveränetät als der höchsten Gewalt ableitete und dieser trug denn auch die Naturrechtsschule in Deutschland während des 18. Jahrhunderts Rechnung, indem sie sonder Bedenken den Herrscher als Gesetzgeber von seinen eigenen Gesetzen entband. Daneben aber hatte gerade die Naturrechtsschule des vorigen Jahrhunderts die Idee von der wenigstens „koaktiven“ Bindung der souveränen Gewalt an die stillschweigende oder ausdrückliche Verfassung mit besonderer Schärfe vertreten und auch weitergebildet [1]. Daſs dieser im groſsen und ganzen auf dem Boden des allgemeinen Staatsrechts ausgefochtene Streit über Umfang und Bedeutung dieses Begriffes auch auf dem Gebiete des positiven Rechtes nicht ohne Einfluſs und Nachwirkung

---

[1] Vergl. Gierke, Althusius S. 285—316.

bleiben konnte, liegt klar zutage, und ein Blick in die positivrechtlichen Arbeiten Gönners, insbesondere in sein Teutsches Staatsrecht gibt Zeugnis dafür.

„Ob der Landesherr an seine Landesgesetze gebunden sei“, das ist der Titel eines im 2. Teile seines Staatsrechtes, dem Regierungsrechte enthaltenen Paragraphen (§ 291).

„Der Satz,“ so führt er hier einleitend aus, „dafs der Regent an seine Gesetze nicht gebunden sei, ist in seiner Allgemeinheit, welche er einer mifsverstandenen Stelle des römischen Rechts verdankt, ebenso unrichtig, als der Gegensatz, wenn man ihn allgemein auf teutsche Landesherren anwenden will.“

Dafs der Landesherr, der Souverän als Privatperson, seinen eigenen Gesetzen unterworfen sei, dieser Satz war schon seit Grotius Gemeingut des allgemeinen Staatsrechts geworden; dafs wir ihn bei Gönner ausgesprochen finden (§ 291 IV), kann deshalb nicht befremdlich erscheinen.

„Als Gesetzgeber aber,“ so führt Gönner (§ 291 II) aus, „ist ein teutscher Landesherr an seine eigenen Gesetze nicht gebunden, er kann dieselben aufheben wie abändern und ihre Verbindlichkeit für die Einzelnen durch Dispensation beseitigen.“

In diesen Ausführungen kommt nun einmal zum Ausdrucke, dafs die solutio legibus eine logische Konsequenz des dem Souverän zustehenden Gesetzgebungsrechtes ist, also der Gedanke, dafs diejenige Gewalt, welche die Gesetze gebe, an dieselben um deswillen nicht gebunden sein könne, weil es ja in ihrer Macht stehe, sie auch wiederum aufzuheben [eine Idee, der schon Pomponius Ausdruck verliehen, wenn er sagt, dafs niemand sich durch seine eigenen Gesetze verpflichten könne[1]] und die die Grundlage für jedwede Konstruktion der rechtlichen Ungebundenheit der souveränen Gewalt bildete.

---

[1] Hancke S. 26.

Aufserdem aber lassen die kurzen Ausführungen Gönners wenigstens andeutungsweise einen weiteren Grund für die notwendige Entbundenheit des Souveräns von den Gesetzen entnehmen. Derselbe liegt allerdings nur auf politischem Gebiete.

Gönner betont nämlich, dafs der Landesherr die Gesetze aufheben und abändern könne „nach dem Staatsbedürfnisse"; wenn das Staatsbedürfnis also es erheischt, kann und darf der Herrscher das bestehende Gesetz beseitigen oder einer Abänderung unterwerfen. Dafs hierbei auch eine allenfallsige salvatorische Klausel bedeutungslos ist, erwähnt er in diesem Zusammenhange ausdrücklich (§ 291 II). Das Interesse, das Wohl des Staates, das der Souverän zu vertreten, über das er zu wachen hat, ist es demnach, das praktisch-politisch schon dessen Befreiung von den Schranken der bestehenden Gesetze notwendig erscheinen läfst, denn eine wirkliche, nachdrückliche Wahrung der allgemeinen Interessen und Pflege der staatlichen Wohlfahrt kann nur von einem in seinem Willen und seinen Entschlüssen unabhängigen, also insbesondere auch an gesetzliche und Rechtsschranken nicht absolut gebundenen Herrscher erwartet werden.

Die weiteren Ausführungen Gönners in diesem Zusammenhange haben nur positivrechtliche Bedeutung, da sie die Entbundenheit des Landesherrn von gewissen Gesetzen nicht auf seine Eigenschaft als Souverän, sondern auf die Tatsache, dafs er Angehöriger des deutschen Fürstenstandes bezw. Untertan des Reiches ist, zurückführen.

Für die Verhältnisse im Reiche hat Gönner über dieses Begriffsmerkmal des näheren sich nicht ausgelassen. Gönner stand, wie wir wissen, auf dem Standpunkte der Volkssouveränetätslehre, ihm erschien im Reiche als Subjekt der Staatsgewalt i. e. als eigentlicher Souverän das Volk, d. h. die Gesamtheit der im Reiche vorhandenen Individuen; der Kaiser kann seiner Auffassung nach nur als „Ausüber" der souveränen Gewalt des Volkes betrachtet werden. Dieser ist denn auch infolgedessen nach dem positiven Rechte zur Beobachtung der Reichsgesetze verbunden (§ 287 V), er ist allein zur Aufserkraftsetzung oder Abänderung derselben nicht befugt (§ 287 III, IV). Angesichts dieser Umstände und bei der Tatsache, dafs es sich für Gönner ja lediglich um die Bearbeitung des positiven Rechtes handelte, lag es zweifellos nahe, dafs er bezüglich des eigentlichen Souveräns im Reiche mit der theoretischen Frage der Entbundenheit desselben vom Gesetze besonders sich nicht befafst hat.

Im Prinzipe steht er hier aber, wie wir aus den obigen Ausführungen über die Entbundenheit des Souveräns in dem einzelnen Territorium entnehmen, auf dem Standpunkte, dafs der Souverän als Gesetzgeber seinen Gesetzen nicht unterworfen sein kann, dafs also insoweit der Satz gilt: princeps legibus est solutus.

Völlig uneingeschränkt war aber der von den Gesetzen entbundene Souverän gleichwohl nicht.

Der Satz von der legibus solutio des Souveräns hatte, wie wir bereits hervorgehoben, im Laufe der Jahrhunderte wesentliche Einschränkungen erfahren.

Die wirksamste Schranke, die von der Wissenschaft gegen die höchste, die souveräne Gewalt errichtet worden war, sie war in dem auf einer scharfen Unterscheidung zwischen ius und lex basierenden Satze gelegen, dafs der Souverän zwar nicht an die lex, den positiven von ihm selbst gegebenen Herrscherbefehl, wohl aber an die Vorschriften des jus divinum und jus naturale gebunden zu erachten sei; denn da man vor allem unter das jus naturale eine Menge von Vorschriften, im schliefslichen Ende sogar einen grofsen Teil der leges subsumieren konnte und tatsächlich auch subsumierte, so war damit die Grenze, innerhalb welcher die souveräne Gewalt sich frei und uneingeschränkt bewegen konnte, in aufserordentlicher Weise verengert worden.

Es ist wohl verständlich, daſs Gönner in seinen positivrechtlichen Arbeiten der Verbindlichkeit der Normen des natürlichen und göttlichen Rechts für den Souverän ausdrücklich nirgends Erwähnung getan hat. Allein die wichtigste Konsequenz, welche die Wissenschaft aus dem Satze von der Unterwerfung des Souveräns unter das natürliche Recht gezogen hatte, und die darin zu finden war, daſs der Souverän als an die von ihm abgeschlossenen Verträge unbedingt gebunden erachtet wurde, findet auch bei ihm, da sie zur Grundlage eines sich allmählich entwickelnden Verfassungsrechtes geworden war und zu Gönners Zeiten bereits groſse positivrechtliche Bedeutung erlangt hatte, eine etwas eingehendere Betrachtung. Allerdings über die Darstellung des rein positiven Rechtes geht sie in der Hauptsache nicht hinaus.

Was zunächst die Verhältnisse im Reiche anlangt, so muſs hier vor allem wiederum betont werden, daſs der Kaiser, wenn er auch von Gönner wiederholt als Souverän bezeichnet wird, doch tatsächlich nach seiner Auffassung nur als „Ausüber“ der souveränen Gewalt erscheint und daſs deshalb seine Ausführungen über die Verpflichtungskraft der vom Kaiser jeweils bei seiner Wahl abgeschlossenen Verträge mit den Reichsständen, der Wahlkapitulationen (vgl. T.St.R. § 12), von besonderer Bedeutung für die hier zu untersuchende Frage nicht sein können. Zum anderen aber muſs hier hervorgehoben werden, daſs selbst, wenn ein deutscher Staatsrechtslehrer, wie es ja bisweilen noch der Fall war, den Kaiser im Reiche als den eigentlichen Souverän erachtete, die positivrechtlich zu konstatierende Tatsache der unbedingten Verpflichtungskraft der von dem Kaiser bei seiner Wahl mit den Reichsständen abgeschlossenen Verträge denselben zu theoretischen, allgemeinstaatsrechtlichen Erörterungen über die rechtliche Bindung des Souveräns an die von ihm gegebenen Versprechungen und gemachten Zusicherungen schon um deswillen nicht veranlassen konnte, weil hier im Reiche zu jener Zeit bereits von einem eigenen, ausgebildeten „ausdrücklichen" Verfassungsrechte als einer historisch und rechtlich feststehenden Tatsache gesprochen werden kann.

Anders war es noch bezüglich der Verhältnisse in den Territorialstaaten. Hier war ein Verfassungsrecht erst in der Entwicklung begriffen und hier hat denn auch Gönner allgemein über das rechtliche Gebundensein des Souveräns an die von ihm vertragsmäfsig eingegangenen Verpflichtungen sich ausgesprochen.

Wohl war der Landesherr zunächst in gewissen Fällen gesetzlich an den Konsens der Landstände wie im Reiche der Kaiser an die Mitwirkung der Reichsstände gebunden; allein die Bindung, die Schranke der souveränen Gewalt, ergab sich hier nicht aus geschlossenen Verträgen, sondern aus dem Rechte, aus den Gesetzen des übergeordneten Staates, des Reiches (vgl. § 255), also aus der Idee von der Unterwerfung der höchsten Gewalt des Territoriums unter die höchste Gewalt des Gesamtstaates, kann infolgedessen hier nicht weiter in Frage kommen.

Doch gab es neben dieser reichsgesetzlichen Bindung der souveränen Gewalt eines Partikularstaates auch noch Fälle, in denen auf Grund besonderer Abmachungen zwischen Landesherrn und Landständen der erstere gehalten war, in gewissen Fällen den Ständen ein Konkurrenzrecht einzuräumen, ihren Beirat einzuholen. Diese Vereinbarungen und Abmachungen, sogen. „Landesverträge" (§ 256 a. E.) bezeichnet Gönner als „Partikulargrundgesetze" (Überschrift des § 256) und erachtet sie prinzipiell für die souveräne Gewalt im Territorium, den Landesherrn schlechthin bindend (vgl. hierzu die näheren Ausführungen in § 256). Einen Grund hierfür hebt er allerdings nirgends hervor, und zwar nach seinen ganzen Ausführungen ohne Zweifel eben deshalb, weil ihm derselbe gewissermafsen selbstverständlich erscheint. Es ist eben die Idee „eines um seiner Vernünftigkeit willen alle Vernunftwesen bindenden absoluten Vernunftrechtes" [1], die hier bei ihm wie bei anderen Publizisten vorwaltete und die ihm den Satz, dafs jedermann, also auch der Souverän, an seine Versprechungen gebunden sei, dafs demgemäfs der Souverän die von ihm auch insbesondere mit seinen Untertanen abgeschlossenen Verträge halten müsse, als eines weiteren Beweises nicht bedürftig erscheinen liefs.

Wenn Gönner übrigens in diesem Zusammenhange (a. a. O.) eine Reihe von Fällen hervorhebt, in welchen der Landesherr an allenfalls abgeschlossene Verträge nicht gebunden erscheint, so ist diese Entbundenheit keine prinzipielle, sondern bedingt und veranlafst, wie er selbst ausführt, durch die Unterwerfung der landesherrlichen Gewalt unter die höchste Gewalt im Reiche, mit welcher die betreffenden Verträge sich nicht vereinbaren lassen (vgl. insb. I, IX, X a. a. O.).

So erscheint also der Souverän an die leges fundamentales im Sinne der Wissenschaft der damaligen Zeit gebunden. Wenn Gönner diesen seinen Ausführungen zu entnehmenden Satz nirgends ausführlicher zu begründen sich veranlafst sieht, wenn er sich hier offensichtlich mit der Tatsache begnügt, dafs im Reiche der von ihm so genannte „Souverän" politisch und positivrechtlich verfassungsmäfsigen Einschränkungen unterliegt und dafs auch für die Territorialstaaten eine gleiche Gebundenheit der souveränen Gewalt von den Reichsgerichten aus Anlafs von Entscheidungen über Streitigkeiten wegen des Mitwirkungsrechtes der Landstände in Landessachen wiederholt anerkannt und ausgesprochen wurde (§ 256 Einl.), so ist das ein deutlicher Beleg dafür, wie sehr die Idee des Verfassungsstaates trotz aller in dieser Zeit vorwaltenden absolutistischen Tendenzen bereits sich Geltung errungen hatte.

Neben diese durch die geschlossenen Verträge für die souveräne Gewalt kraft Naturrechts entstandenen Schranken

---

[1] Gierke, Althusius S. 302.

tritt nun als weitere Einschränkung der Satz, dafs die höchste Gewalt vor den jura singulorum, den wohlerworbenen Rechten der Individuen Halt zu machen habe.

In § 167 seines Teutschen Staatsrechts spricht Gönner es ausdrücklich aus, dafs die wohlerworbenen Rechte zu den Gegenständen gehören, welche der Willkür der obersten Gewalt nicht unterworfen sind und in seinem Werke über Staatsrechtsdienstbarkeiten führt er (§ 54) aus: „Die Reichsgewalt ist in Ausübung der Majestätsrechte an die allgemeinen Einschränkungen jeder obersten Gewalt gebunden, vermöge deren einem jeden sein wohlerworbenes Recht ungekränkt gelassen werden mufs.“ Er beruft sich hierbei auf Pütter, der in seinen Beyträgen zum Teutschen Staats- und Fürstenrechte (Abschn. XX S. 351—362) für die Landeshoheit diesen Gedanken näher ausgeführt und dargelegt hat.

Unter wohlerworbenen Rechten sind hiernach zu verstehen in erster Linie das Privateigentum, dann aber auch alle sonstigen „wohlerworbenen Gerechtsamen, als Privilegien, Servituten u. d. g.“ (Pütter a. a. O. § 17); ingleichen gehört auch „zu den wohlerworbenen Rechten der Untertanen, dafs ihre Befugnisse, ihr Eigentum durch die Gewalt der Richter vom Staate geschützt werden, sobald sie den Schutz des Staates reklamieren“ (Gönner, Handb. des gem. Prozesses Bd. I S. 8) etc.

Diese wohlerworbenen Rechte sind also der Einwirkung, der Willkür der höchsten Gewalt entzogen, der Souverän hat diese Rechte des Individuums zu respektieren.

Gönner steht hier mit Pütter auf einem Standpunkt, den die Wissenschaft schon seit Bodin eingenommen[1] hatte, und bei dem Umstande, dafs diese Lehre von der Freiheit der wohlerworbenen Rechte von jeglicher willkürlicher Einwirkung der souveränen Gewalt seitdem gewissermafsen Gemeingut der Staatsrechtswissenschaft geworden war, mag es nicht auffällig erscheinen, dafs wir bei Gönner sowohl

[1] Vergl. hierzu Hancke a. a. O. S. 37f.

wie bei Pütter nur die Tatsache als solche hervorgehoben finden, über den eigentlichen Grund derselben aber, der von fast allen Publizisten, die sich mit dieser Frage eingehender befafst, darin gefunden wurde, dafs die jura quaesita dem auch für den Souverän verbindlichen Naturrecht zuzurechnen seien, beider Ausführungen nichts entnehmen lassen.

Wenn nun aber auch das Eigentum und die übrigen jura quaesita hiernach prinzipiell dem einzelnen, geschützt wider willkürliche Eingriffe der höchsten Gewalt, zustanden, so waren und blieben sie doch gleichwohl „der höchsten Machtvollkommenheit“ des Souveräns unterworfen. Dem Herrscher stand über dieselben ein Hoheitsrecht zu und dieses war es, welches ihm, allerdings nur unter ganz besonderen Voraussetzungen, verstattete, unter Verletzung der allgemeinen Regel in gewissen Fällen auch in diese Rechte einzugreifen.

In diesem Zusammenhange soll in erster Linie die Frage nach dem staatlichen Expropriationsrechte, nach dem dominium eminens des Staates erörtert werden.

„Der auf teutschen Territorien ruhende Begriff eines Staates“, so führt Gönner in seinem Teutschen Staatsrecht § 459 mit Bezug auf die Landeshoheit aus, „berechtigt auch den Landesherrn, nach den Bestimmungen des allgemeinen Staatsrechts für Befriedigung aufserordentlicher Landesbedürfnisse aufserordentliche Mittel durch Veräufserung des Staatseigentums, durch Aufnahme von Kapitalien, oder durch aufserordentliche Beiträge derjenigen, welche eben die Hülfe leisten können, zu ergreifen.“ Der Schutz, der dem Eigentume der souveränen Gewalt gegenüber gewährt wird, greift also dann nicht Platz, wenn aufserordentliche Bedürfnisse des Landes aufserordentliche Mittel zu ihrer Deckung erheischen. Hier zeigt sich dann die dem Souverän über das Eigentum der Untertanen zustehende Machtvollkommenheit, das staatliche Hoheitsrecht, und es erscheint in solchem Falle dann das Vermögen der Individuen als Vermögen des Staates (vergl. hierzu auch § 434 V.).

Die Voraussetzung hierfür ist nun allerdings immer ein aufsergewöhnliches allgemeines Bedürfnis. Der Regelfall ist der der „Staatsnot". Dafs in diesem Falle, dann, wenn die Existenz des Staates in Frage gestellt ist, dem Souverän das Recht des Eingriffes in das Privateigentum der Untertanen zugesprochen werden mufs, ergibt sich schon aus der begrifflichen Notwendigkeit des Staates, und deshalb „steigt hier," so erklärt Gönner § 435 I Z. 5, „mit der Staatsnoth (dominium eminens) das Recht des Staates und er bemächtigt sich nach dem Grade der Gefahr aller Bedürfnisse, wo er sie findet." (Vergl. hierzu auch seine Ausführungen a. a. O. § 355 VI, 415 X a. E.)

Allein auf diesen Fall beschränkt sich dieses Recht der Staatsgewalt nicht. Gönner geht hier einen bedeutenden Schritt weiter und führt in dieser Beziehung teilweise in wörtlicher Übereinstimmung mit Pütter (a. a. O. § 15 S. 358 f.) aus (§ 459): Es werde „eben nicht als wesentlich vorausgesetzt, dafs die Erhaltung des Staates ein Opfer schlechterdings erfordere", sondern es genüge hierbei auch die Erhöhung des allgemeinen Wohlstandes und die Beförderung nützlicher Staatsoperationen. Wenn das „Staatsbeste" es erfordert, dann ist der Untertan gehalten, seine Rechte dem Staate aufzuopfern. (Staatsdienst S. 284.) (Vergl. hierzu ein Beispiel in § 435 I Z. 7.)

Wenn nun nach alledem zur Begründung und Rechtfertigung eines Eingriffes in das Privateigentum niemals lediglich auf die Tatsache der „souveränen Gewalt", das ist darauf rekurriert werden konnte, dafs dem Regenten die summa potestas überhaupt, also auch über das Eigentum der Individuen zustehe, so war doch auf der andern Seite damit, dafs nach Gönners Auffassung das Recht des Eingriffes der souveränen Gewalt nicht nur im Falle wirklicher Staatsnot, sondern auch schon, wenn es der blofse Vorteil des Staates, der Allgemeinheit erforderlich erscheinen läfst, Platz greift, der Willkür des Souveräns in dieser Beziehung ein weiter Spielraum wiederum gewährt deshalb, weil es eben schliefslich immer in das Ermessen desselben gestellt war, ob und wann er ein „allgemeines Bedürfnis" gegeben erachten wollte (vergl. hierzu insbes. Staatsdienst S. 284!) — ein Ergebnis, das sich allerdings mit den absolutistischen Tendenzen der Zeit Gönners recht gut vertrug!

Allein es wäre entschieden einseitig, wenn nicht falsch, wollte man die im vorstehenden ausgeführte Erweiterung der Rechte der souveränen Gewalt gegenüber dem Privateigentume und den jura quaesita überhaupt lediglich nur mit dem letzterwähnten politischen Momente zu begründen versuchen.

Der Grund hierfür liegt zweifellos tiefer. Diese Erweiterung steht in engstem Zusammenhange mit der stets wachsenden Zahl der, vor allem in den Territorien dem Souverän, dem Staate gestellten Aufgaben. Die im Polizeistaate praktisch gewordene Lehre von der Bestimmung des Staates, die allgemeine Wohlfahrt zu fördern, hatte mehr und mehr ein direktes unmittelbares Eingreifen der Staatsgewalt auf allen möglichen Gebieten, damit aber auch eine Häufung der Fälle einer Kollision zwischen staatlichen, id est allgemeinen und Privatinteressen zur Folge, und in diesem Kampfe widerstreitender Interessen mufste den bedeutenderen allgemeinen Interessen zu Hülfe gekommen werden — es geschah dies in der angegebenen Weise!

Die Billigkeit verlangte es nun aber naturgemäfs, dafs, wenn wirklich von dem einzelnen das Opfer gefordert wurde, seine Privatinteressen, seine Rechte, im Interesse der Allgemeinheit aufzugeben, er hierfür auch seitens der Allgemeinheit, seitens des Staates entschädigt wurde.

So fordert denn auch Gönner, dafs bei derartigen Eingriffen seitens der Staatsgewalt „alle Rechtsverletzung vermieden, daher dem Individuum, welches sein Eigentum für die Gesamtheit dahingab, der Wert ersetzt" werde (§ 459 III, IV), dafs „nach gehobener Gefahr jedem Individuum durch Peräquation der Ersatz seiner Aufopferung geschehe" (§ 435 I Z. 6).

So versteht also Gönner unter dominium eminens ein der souveränen Gewalt zustehendes, jedoch die nachträgliche Entschädigung des Verletzten bedingendes Recht, in Zeiten und Fällen aufsergewöhnlichen Bedürfnisses das Eigentum der Untertanen zur Deckung desselben zu verwenden.

Dieses Recht steht der Reichsgewalt ebenso wie dem einzelnen Landesherrn zu. Gerade im Reiche hatten die jüngsten politischen Ereignisse die reale Bedeutung dieses Rechts in besonders markanter Weise hervortreten lassen. Schon 1800 erklärt Gönner in seinem Werke über Staatsrechtsdienstbarkeiten (§ 54 S. 126), dafs das Reich schon öfters in einer so kritischen Lage war, dafs die Erhaltung des Ganzen forderte, Rechte der einzelnen aufzugeben und 1804 schreibt er in seinem Teutschen Staatsrecht (§ 447), dafs das merkwürdigste Beispiel, bei welchem das Reich das dominium eminens in Anwendung brachte, die Säkularisationen waren, „welche im westfälischen Frieden und zur Leistung der den Erbständen zugesagten, dem Reiche collectivement aufgelegten Entschädigung im Lüneviller Frieden (1801) und seiner Berichtigung stattgefunden haben."

Dafs die für die souveräne Gewalt statuierten, im vorstehenden aufgeführten Einschränkungen bei Ausübung des ihr konzedierten Rechtes des Eingriffes in das Privateigentum der Individuen auch hinsichtlich aller übrigen jura quaesita derselben in gleicher Weise Anwendung zu finden haben, ist zweifellos und Gönner hat dies auch selbst zum Ausdrucke gebracht, indem er beispielsweise an der bereits zitierten Stelle (Handbuch des gemeinen deutschen Prozesses [1801] S. 8.), wo er den Anspruch der Untertanen auf staatlichen, richterlichen Schutz ihrer Befugnisse und ihres Eigentums als „wohlerworbenes Recht" bezeichnet, ausdrücklich betont, dafs eine Hemmung der Justiz durch Kabinettsbefehle sich nur unter den Einschränkungen verteidigen lasse, „unter welchen der Regent nach einer unbedingten Forderung des allgemeinen Wohles einzelnen Bürgern ihre wohlerworbenen Rechte entziehen kann, also nur in der Art, daſs 1. ein wahrer Kollisionsfall vorhanden ist, daſs nämlich die Staatswohlfahrt das Opfer der Rechte schlechterdings fordert, und daſs 2. derjenige vom Ganzen entschädigt werde, der seine Rechte dem allgemeinen Besten aufopfern muſs."

Pütter verbreitet sich in seiner mehrerwähnten Abhandlung auch über die Frage, inwieweit die „natürliche Freyheit" des Menschen eine Grenze für die höchste Gewalt bilde, eine Frage, die seit Locke, der als erster die liberty and property als die unangreifbaren Grundrechte des Menschen bezeichnet hatte, einer eingehenden Untersuchung durch die Wissenschaft unterzogen worden war, deren Ergebnisse, allerdings in extremster Weise, in der französischen Revolution auch praktische Durchführung fanden. Er kommt hierbei (§§ 3 ff., 23) zu dem Schlusse, daſs an sich auch die liberty ebenso wie die property ein „unverletzliches Heiligtum" des Individuums darstelle; doch fügt er hier ausdrücklich an, daſs es zu den gröſsten Abwegen führen würde, wollte man sich zu dem Satze bekennen, daſs es der höchsten Gewalt versagt sei, unter Umständen auch nach dieser Richtung ein Opfer für das gemeine Beste zu begehren; die natürliche Freiheit sei also der höchsten Gewalt unterworfen, allerdings nur so, daſs eine Einschränkung derselben „von Rechtswegen nie anders geschehen kann, als sofern es das gemeine Beste erfordert, hingegen keineswegs bloſs nach Willkühr, Eigensinn oder eigennützigen Absichten des Regenten." (§ 5 S. 354.)

In den Werken Gönners ist nun diese Frage ausdrücklich nirgends erörtert; allein angesichts der Tatsache, daſs er die Ausführungen Pütters, wie erwähnt, ausdrücklich zitiert und sich, wie wir gesehen, mit Pütter bezüglich der Frage, inwieweit die property als unantastbares Grundrecht des Individuums eine Beschränkung der obersten Gewalt bedeutet, völlig, zum Teil wörtlich übereinstimmt, gehen wir zweifellos nicht fehl, wenn wir auch nach dieser Richtung die Anschauungen Pütters als die seinen erachten.

Was nun die Folge der Überschreitung der dem Souverän, der souveränen Gewalt so gesetzten Schranken sei, die Frage, ob und inwieweit den Untertanen dem diese Schranken überschreitenden Herrscher gegenüber ein Widerstandsrecht eingeräumt werden könne, hat Gönner merkwürdigerweise nirgends ausdrücklich behandelt. Es erscheint dies um so auffälliger, als gerade zu jener Zeit infolge der von Kant mit besonderer Schärfe vertretenen Auffassung, dafs den Untertanen niemals ein Recht der Widersetzlichkeit gegen die herrschende Gewalt zugestanden werden könne, sich über die Frage des jus resistendi subditorum neuerdings ein heftiger Streit in der Literatur entwickelt hatte. Weder bot ihm im Reiche die von ihm selbst hervorgehobene (§ 106 II 3) Absetzbarkeit des Kaisers, die verschiedenen Publizisten [1] als die letzte, äufserste Konsequenz des Widerstandsrechtes der Untertanen im Reiche erschien, Gelegenheit und Veranlassung, sich hierüber zu äufsern, noch auch finden wir in seinen Ausführungen über territoriales Staatsrecht genügende Anhaltspunkte für seine Stellungnahme in dieser Frage. Zwar spricht er (§ 230 II) davon, dafs die Untertanen der Staatsgewalt gegenüber zu „unbedingtem Gehorsam“ verpflichtet seien, allein es dürfte wohl nicht angängig seien, hieraus allein schon den Schlufs zu ziehen, dafs Gönner damit unter allen Umständen ein Widerstandsrecht der Untertanen leugnen wollte, und dies umsomehr, als ja, wie wir wissen, Gönner zu dieser Zeit noch auf dem Boden der Lehre vom Gesellschaftsvertrage stand, gerade die Vertragsidee aber die Ansicht, dafs im Falle eines gesetz- und verfassungswidrigen und damit also vertragswidrigen Verhaltens des Souveräns dem Volke als

[1] So z. B. J. J. Moser, Teutsches St.R. II c. 17. §§ 20, 22.

dem anderen Vertragsteile ein Recht des Widerstandes konzediert werden müsse, förderte und stärkte.

Späterhin allerdings konnte es ihm bei seiner geänderten Auffassung von dem Entstehen und damit dem Wesen und der Natur des Staates nicht besonders schwer fallen, mit dieser hauptsächlich durch die Vertragslehre gestützten Idee von einem Widerstandsrechte der Untertanen völlig zu brechen und er hat dies auch getan, wie wir aus Ausführungen in seiner 1808 erschienenen Monographie über den Staatsdienst entnehmen können. Indem er hier den Satz verficht, dafs der Staatsdiener die Verbindlichkeit habe, den Befehlen des Regenten in seinen Amtssachen ohne alle Rücksicht auf seine Privatüberzeugung Folge zu leisten, so dafs ihm nach fruchtlosen Gegenvorstellungen nichts als gloria obsequii übrig bleibe, rekurriert er zum Beweise hierfür auf den allgemeinen Satz, dafs an sich ja schon jeder Untertan dem Souverän gegenüber zu unbedingtem Gehorsam verpflichtet sei und ruft hier als Eideshelfer Schlözer auf (S. 206 Anm. e.), der in seiner Staatsgelahrtheit T. I S. 103 ausführt: „Das ganze Volk und jeder Einzelne ist dem Herrscher schuldig Gehorsam, selbst blinden Gehorsam; das ist, er mufs immer voraussetzen, der Herrscher befehle wirklich und zweckmäfsig, falls er auch die Gründe nicht einsieht, oder gar vom Gegenteil überzeugt zu sein glaubt. Erster Grundsatz im Staat, und höchste Pflicht des Bürgers, wenn er den Gräueln der Anarchie entgehen will."

Die Frage nach dem jus resistendi subditorum ist damit beantwortet; sie wird unbedingt verneint. (Vergl. auch noch „Staatsdienst". S. 77, 223 a.)

§ 8. c. Das eigene Recht und die Dauer.

Das „eigene Recht", das Bodin für den Inhaber der Souveränetät fordern zu müssen glaubte, wurde zwar in der Folgezeit von der Literatur zumeist als essentielles Merkmal des Souveränetätsbegriffes prinzipiell festgehalten, allein wie die Betrachtung der verschiedenen Definitionen und Abhandlungen der Schriftsteller des 17. und 18. Jahrhunderts zeigt, wurde hierauf in der Regel nur wenig Gewicht gelegt[1].

Für den Souverän im Reiche hat auch Gönner dieses Moment an keiner Stelle besonders betont.

Bei Darstellung der rechtlichen Stellung des Landesherrn und der Landeshoheit überhaupt aber hat er sich gezwungen gesehen, dieses Merkmal mit besonderer Geflissentlichkeit hervorzuheben.

Er führt in § 90 seines Teutschen Staatsrechts aus: Jedes Territorium bildet einen eigenen Staat, „welcher durch eine eigene oberste Gewalt . . . aus eigener landesherrlicher Gewalt (jure proprio) regiert wird; und wenn auch die Landeshoheit in rechtlicher Beziehung auf die Reichsgewalt nur als Reichsanstalt zur Regierung der Teile denkbar und Sanktion der Reichsgrundgesetze ihr unmittelbarer Grund ist, so regiert doch jeder Landesherr sein Territorium nicht aus kaiserlichem Auftrag oder Vollmacht (administratorio jure), sondern vermöge der Reichsgesetze aus eigenem Recht.“

Er unterscheidet also hier mit Bezug auf die oberste Gewalt scharf zwischen eigenem und vertretungsweise geübtem fremden Recht.

Um den Ideengang Gönners in voraufgeführter Stelle ins richtige Licht zu setzen und zugleich zu erklären, warum er hier mit solcher Schärfe das eigene Recht des Landesherrn an der obersten Gewalt betont hat, erscheint es geboten, etwas näher auf seine Auffassung von dem rechtlichen Verhältnisse der Territorialgewalt zur Reichsgewalt einzugehen. Wir haben dieselbe in der Hauptsache bereits oben bei der Lehre von dem Subjekte bezw. Träger der Staatsgewalt eingehender betrachtet und können uns um deswillen hier kürzer fassen.

---

[1] Vergl. hierüber: Dock a. a. O. § 4 S. 32 ff.

Der Rechtsgrund, das Rechtsprinzip der Landeshoheit ruht nach ihm in der Sanktion derselben durch die Reichsgewalt. Die Landeshoheit, die allmählich und unvermerkt entstanden war, wurde als Macht- und Herrschaftsfaktor von Kaiser und Reich anerkannt und dann dazu verwendet, die aus dem Begriffe eines Staates für das Reich resultierende Verpflichtung der Regierung des Gesamtstaates in allen seinen Teilen (Prinz. d. Terr.Verf. S. 24) an Stelle desselben zu erfüllen. Dadurch wurde eine begrifflich in der Reichshoheit liegende Gewalt auf die Landesherren übertragen, die Landeshoheit ward so zur Reichsanstalt (Prinz. S. 23 ff.).

Es war nun vom politischen Standpunkte aus von Gönner zweifellos gewagt, der Landeshoheit, die zu seiner Zeit zu einer so „kolossalischen Gröſse" (Prinz. S. 6) herangewachsen war, ja sich tatsächlich überhaupt allein ausschlaggebend erwies, lediglich um die Idee der rechtlichen „Einheit" des Reiches zu retten, als bloſse Reichsanstalt zu erklären, wenn ihm auch zugestanden werden mag, daſs diese seine rechtliche Konstruktion für jene Zeit den einzigen einigermaſsen gangbaren Weg zur Erläuterung des Verhältnisses der Territorialgewalten zum Reiche darstellte. War er deshalb schon bei der erstmaligen Darlegung seiner Anschauungen gezwungen gewesen, ausdrücklich darauf hinzuweisen, daſs „durch diese doktrinelle Darstellung die Landesherren an ihren gesetzlichen Vorzügen gar nichts verlieren" (a. a. O. S. 24), so erheischte doch in der systematischen Darstellung der positivrechtlichen Verhältnisse die „oberste Gewalt", die er dem Landesherrn zusprach, und die, wie wir früher gesehen haben, schon an wesentlichen Mängeln litt, eine Stütze gegenüber dem sie in ihrer ganzen Existenz bedrohenden Begriff der „Reichsanstalt". War die Landeshoheit nur Reichsanstalt, die landesherrliche Gewalt nur eine aus der Reichshoheit flieſsende übertragene Gewalt (T.St.R. § 228), so konnte dieselbe nur als ein Teil der Reichshoheit erscheinen und war von einer selbständigen Existenz derselben und damit von einer „Landessouveränetät“ (a. a. O. § 52) keine Rede.

Hier zeigte sich die Notwendigkeit des Elementes der „eigenen“ Gewalt, des eigenen Rechts für den Souveränetätsbegriff. Nur dann, wenn es gelang, trotz der Tatsache, dafs „die Landeshoheit mit Bezug auf das Reich nur als Reichsanstalt denkbar“ war, ein eigenes Recht des Landesherrn an der Regierung seines Territoriums festzuhalten, darzutun, dafs trotz allem in der Regierung des Territorialherrn nicht eine vertretungsweise Ausübung kaiserlicher i. e. aus der Reichsgewalt fliefsender Hoheitsrechte, in seinem Regierungsrechte also nicht ein jus administratorium zu erblicken sei; nur dann konnte die Idee einer besonderen obersten Gewalt im Territorium im Sinne des allgemeinen Staatsrechts, die Idee der Landessouveränetät aufrecht erhalten bleiben.

Und das ist der Grund, warum Gönner gerade hier das „eigene Recht“ so scharf hervorgehoben hat.

Über den Beweis desselben kommt er allerdings kurz hinweg. Seine Darlegungen an der citierten Stelle scheinen überhaupt keinen zu enthalten; doch geben die Worte „sondern vermöge der Reichsgesetze aus eigenem Recht“ wenigstens einen Anhaltspunkt. Im Zusammenhalte mit seinen Ausführungen in seinem mehrerwähnten Programm ergibt sich nämlich, dafs ihm hier die Idee vorgeschwebt, dafs die bereits früher bestandene „eigene“ tatsächliche Herrschaftsgewalt des Landesherrn, die ja im Verbande des Reiches an sich Rechtsbestand überhaupt nicht haben konnte, durch die verfassungsmäfsige Sanktion der Reichsgrundgesetze rechtlichen Bestand erhielt und damit aus einer blofs tatsächlichen „eigenen“ Herrschaftsgewalt zum „eigenen Recht“ des Landesherrn wurde.

Dafs das eigene Recht ja nicht notwendig originärer Natur zu sein braucht, dafs vielmehr die Begriffe „derivatives“ und „eigenes“ Recht sich recht wohl vereinen lassen, hatte die Wissenschaft längst dargetan[1], die Ableitung des landesherrlichen Rechtes aus der Reichshoheit stand deshalb der Auffassung von einem „eigenen Rechte" des Souveräns im Territorium nicht im Wege.

So erscheint demnach hier das eigene Recht als etwas begrifflich notwendig der landesherrlichen obersten Gewalt Inhärierendes, als ein wesentliches Merkmal der „Landessouveränetät", dem ausdrücklich das vertretungsweise geübte fremde Recht (jus administratorium) gegenübergestellt wird.

Man vgl. in dieser Beziehung auch noch seine Darlegungen bezüglich der vormundschaftlichen Regentschaft. (T.St.R. § 245 XII.)

Wir entnehmen aus alledem: Auch nach Gönner ist notwendiges Begriffsmerkmal der Souveränetät das eigene Recht! —

Das von Bodin weiterhin aufgestellte Begriffsmerkmal der „Dauer", dem in der Literatur zumeist keine Beachtung geschenkt und keinerlei Bedeutung beigemessen wurde[2], ist auch von Gönner nirgends ausdrücklich hervorgehoben.

§ 9. d. Beschränkbarkeit und Teilbarkeit des Souveränetätsbegriffes.

Der abstrakte, scharf umrissene Souveränetätsbegriff, wie er seit Bodin in der Literatur herrschend geworden war und an dem, wie sich aus den vorstehenden Ausführungen ergibt, auch Gönner festgehalten hat, er war mit den konkreten Staatseinrichtungen vor allem im deutschen Reiche, mit den dort durch die rechtliche Stellung der Reichsstände gegebenen Beschränkungen des Souveräns nur schwer in Einklang zu bringen. Die Publizistik hatte seit Bodin in der verschiedensten, mannigfachsten Weise hier eine Lösung des Widerspruches zwischen den theoretischen

---

[1] Vergl. Hancke a. a. O. S. 21 ff.
[2] Vergl. hierüber: Dock a. a. O. S. 38 f.

Konstruktionen und den realen, tatsächlichen Verhältnissen zu finden gesucht.

Während ein Teil der Publizisten den Versuch der Konstruktion einer neuen Staatsform, der sog. mixta forma machte, die auf der Teilung der Souveränetät unter mehrere Stände im Staate beruhte und zweifellos den einschlägigen tatsächlichen Verhältnissen am meisten Rechnung trug, war die Mehrzahl derselben schliefslich unbedenklich soweit gegangen, die Souveränetät schlechthin für beschränkbar zu erklären, sie also des Charakters der absoluten Gewalt, der potestas ab omni conditione libera zu entkleiden. Die nach der letzten Richtung eingeschlagenen Wege waren die verschiedensten[1]. Eine der verbreitetsten Anschauungen, die auf Limmaeus[2] zurückführte und die gewissermafsen deduktiv gerade aus den bestehenden Verhältnissen im deutschen Reiche gewonnen worden war, unterschied zwischen einer plenitudo potestatis, die dem völlig unbeschränkten Souverän zustand, und einer summitas potestatis, die dann als gegeben erachtet wurde, wenn der Souverän gewissen verfassungsmäfsigen Beschränkungen unterlag. Also summa potestas war im Reiche dem Kaiser immerhin zuzusprechen, wenn er auch der plena potestas ermangelte[3].

Diese Anschauung findet sich auch bei Gönner. In § 93 seines Teutschen Staatsrechts führt er aus: „Herrschaft einer physischen Person, welcher zwar die höchste, aber nicht alle Gewalt zukommt, unterscheidet Monarchie von anderen Regierungsformen.“ Dieser Satz, der auf den ersten Blick befremden mufs und nicht leicht verständlich erscheint, findet seine nähere Erläuterung in den darauffolgenden Ausführungen: „Teutschland ist daher eine Monarchie, denn nur der Kaiser ist Herrscher und Souverän im Gesamtstaate, wenngleich in wichtigen Angelegenheiten

---

[1] Vergl. Dock a. a. O. S. 46 f.
[2] Jus publ. Imperii Rom. Germ. T. I c. 12 § 37.
[3] Vergl. auch Hancke a. a. O. S. 41 ff.; Rehm, Gesch. d. Staatsw. S. 228 ff.

an Mitwirkung der Reichsstände gebunden." Also höchste Gewalt kommt dem Kaiser zu, denn er ist Herrscher und Souverän — er hat die potestas summa! Aber nicht alle Gewalt steht bei ihm, denn er ist in wichtigen Angelegenheiten an den Konsens der Stände gebunden — es fehlt ihm die potestatis plenitudo.

Gönner löst also den Widerspruch zwischen dem theoretischen Gebilde der Souveränetät als höchster, d. i. unbeschränkter Gewalt und der realen Wirklichkeit dadurch, dafs er den reinen Begriff aufgibt und die Souveränetät, die souveräne Gewalt prinzipiell als beschränkbar ansieht.

Er teilt also keineswegs die, wie bereits betont, vielfach vertretene Auffassung von einer gemischten Staatsform Deutschlands.

Wohl spricht er zu wiederholtenmalen von der „in Kaiser und Ständen konzentrierten, vereinigten Reichsgewalt" (vgl. z. B. §§ 316 III; 306 V; 168, 298 I u. s. w.), doch fafst er dies niemals in dem Sinne, dafs er damit auch den Ständen einen Anteil an der Reichssouveränetät zugesprochen wissen möchte; wohl weist er bei Darstellung der einzelnen Hoheitsrechte ausdrücklich darauf hin, dafs bei den meisten derselben den Ständen ein Mit- und Beiwirkungsrecht zusteht (man vgl. §§ 285, 287, 298, 306, 312, 317, 329 u. s. w.), das „nicht in einem blofs konsultativen Akte, sondern in einer entscheidenden Einwilligung, ohne welche kein Geschäft vorgenommen werden kann", besteht (§ 98), allein er geht trotzdem nicht soweit, den Ständen ein eigenes Recht an der Souveränetät zuzuerkennen, dem Kaiser allein steht die oberste Gewalt des deutschen Staatskörpers zu, der Kaiser und nur der Kaiser ist ihm Herrscher und Souverän im Gesamtstaate Deutschland (§§ 52, 93); „die Reichsstände haben, ihres entscheidenden Einflusses auf die Reichsregierung ungeachtet, weder als Reichsstände noch als Landesherren Anteil an der Reichssouveränetät, sie sind vielmehr der Reichshoheit untergeordnet, und selbst der Kaiser, soweit seine Erblande in Frage kommen, tritt aus dem Subordinationsverhältnis nicht heraus" (§ 52).

Diese Stellungnahme Gönners hinsichtlich der Frage einer Teilung der Souveränetät zwischen Kaiser und den Ständen findet in der Hauptsache in historischen Momenten ihre Erklärung. War auch die Macht der Stände, der Territorialfürsten, wie wir früher Gönner mit seinen eigenen Worten darstellen lassen konnten, nahezu übermächtig emporgewachsen, so hatte gleichwohl im deutschen Volke sich noch mächtig die Idee von der Macht und der Majestät des Kaisers erhalten. Die historische Erinnerung zehrte noch an den Idealgestalten und den mächtigen Repräsentanten des Kaisertums römisch-deutscher Nation und nur allzuschwer vermochte man sich so von der Anschauung loszuringen, dafs das Deutsche Reich eine Monarchie sei und auch bei der Mehrzahl der deutschen Juristen waltete deshalb stets der „patriotische Wunsch" und das Streben vor, „dem Kaiser den Charakter eines Monarchen zu wahren" [1]; es widerstrebte ihnen um deswillen, eine Teilung der Souveränetät zwischen Kaiser und Ständen, welch' letztere nach der historischen Betrachtung dem Kaiser niemals gleichgeordnet waren, zu konzedieren. Dazu kam noch eine Reihe von äufseren Momenten, die auch Gönner mit Geflissentlichkeit hervorhebt: Der Kaiser allein ist „Regent des teutschen Staates", ihm und nur ihm „wird von den Reichsgrundgesetzen die Sorge für Erhaltung und Wohlfahrt des Staates aufgetragen," „ohne seine Einwilligung (Ratifikation) kann für den teutschen Staat in Gesamtheit nichts verbindliches unternommen werden" (§ 104 II) und es sind um deswillen die Beschlüsse der drei Reichskollegien ohne kaiserliche Genehmigung „unvollkommen", „für den Staat nicht verbindliche Handlungen" (§§ 186, 187)

[1] Hancke a. a. O. S. 46. Vergl. beispielsweise auch noch Pütter in seinen „Beyträgen" § 65 S. 52.

u. s. f. Überdies steht dem Kaiser eine Reihe von hoheitlichen Befugnissen zu, die er ohne Konkurrenz der Reichsstände auszuüben berechtigt ist, die Reservatrechte (vgl. § 105) — alles Momente, die von einigen Schriftstellern[1] allein schon für genügend erachtet wurden, die Auffassung von einer Teilung der souveränen Gewalt zwischen Kaiser und Ständen als falsch und unzutreffend erscheinen zu lassen.

Konnte man aber zu dieser Auffassung sich nicht bekennen, so mufste man eben, wie Gönner, der Lehre von der Beschränkbarkeit der Souveränetät, von der begrifflichen Zulässigkeit einer Einschränkung der souveränen Gewalt sich zuwenden.

Die Verhältnisse in den einzelnen Territorialstaaten erschienen noch weniger geeignet, die Auffassung von einer Teilung der Souveränetät zwischen dem Fürsten und den Ständen entstehen zu lassen bezw. zu bekräftigen. Den Ständen, die nach Gönner als Repräsentanten des Landes, infolge der Einheit des Staates als Vertreter der Gesamtheit, nicht als solche ihres Standes erscheinen (§ 253) — ein bemerkenswerter Anklang an das konstitutionelle Prinzip[2] — steht ein Anteil an der Landessouveränetät nicht zu. Ihre Macht und Bedeutung war mit dem damals in den deutschen Territorien sich vollziehenden Ausbau des absolutistischen Systems mehr und mehr geschwunden. Ihr Mitwirkungsrecht war, wie auch die positivrechtliche Darstellung Gönners ergibt, nur ein sehr beschränktes; nur in zufälligen Hoheitsrechten, bei wesentlichen aber nur „soferne es nur zufälligen Punkten in der Ausübung gilt“ steht ihnen ein solches zu (§ 256 V, VI). Nun bedeutet allerdings auch dieses nur beschränkte Mitwirkungsrecht

[1] Z. B. Schmier, Pacassi vergl. Dock S. 52.

[2] Vergl. auch § 98, ferner: Über Veränderungen der Religionsübung § 53 S. 151. — Anders, Staatsrechtsdienstbarkeiten § 60 S. 135, ferner die Tendenzschrift: Bericht an den kais. Reiehshofrath von Seite des regierenden Herrn Herzogs von Sachsen-Coburg-Saalfeld. Bd. I S. 73 § 32 a. E.

der Stände eine Einschränkung des Landesherrn, der obersten Gewalt im Territorium, allein trotz dieser Einschränkung, die den Begriff „beschränkte Monarchie“ zur Folge hat, bleibt Herrscher und Souverän im Territorium der Landesherr ebenso wie im Reiche der Kaiser, es regiert auch in einem beschränkt monarchischen Territorium nur die Gewalt des Landesherrn (§ 250), nur der Landesherr hat sich der Landessouveränetät zu erfreuen (§ 53). Also auch hier eine eingeschränkte oberste Gewalt — die Idee der Beschränkbarkeit der Souveränetät!

C.

§ 10. Die Souveränetätsrechte. (Funktionen der Staatsgewalt.)

Die Tatsache, daſs Gönner der Begriff der Staatspersönlichkeit und damit die Idee der Staatssouveränetät nicht geläufig war, macht es erklärlich, daſs auch für ihn, wie für sämtliche Schriftsteller der vorhergegangenen beiden Jahrhunderte, die souveräne Staatsgewalt ihrem Inhalte nach nicht als etwas Einheitliches, sondern lediglich als ein Komplex der verschiedenen im Staate dem Herrscher zustehenden Rechte erscheint, daſs auch ihm die Willensäuſserungen des persönlichen Staates, was der modernen Wissenschaft diese Rechte sind, und welche sie mit dem Begriffe „Funktionen der Staatsgewalt“ zu bezeichnen pflegt, nur als Rechte derjenigen Persönlichkeiten erscheinen, denen nach seiner Auffassung der Besitz der souveränen Gewalt zuerkannt werden muſs.

So spricht denn auch er, wie sämtliche Publizisten vor ihm in diesem Sinne von „Hoheitsrechten“, „Herrscherrechten“, welche dem Regenten, dem Inhaber und bezw. Träger der souveränen Gewalt zustehen.

Die Behandlung der einzelnen Hoheitsrechte, also die Darstellung der verschiedenen Funktionen der Staatsgewalt macht den Inhalt des 2. Buches seines Teutschen Staatsrechtes, des „Regierungsrechtes“ aus.

In der allgemeinen Betrachtung, die er diesem Abschnitte vorausschickt, erklärt er, den Begriff des Hoheitsrechtes näher präzisierend, daſs ein dem Regenten zustehendes Recht als Hoheitsrecht im eigentlichen Sinne nur dann erachtet werden könne, wenn dasselbe dazu bestimmt erscheine, zur Erreichung des Staatszwecks beizutragen; das Kriterium bildet also nach ihm die unmittelbare Beziehung des Rechts auf den Staatszweck und damit auf den Staat selbst; es muſs aber, da jeder Zweig der Herrschergewalt nach einer bestimmten Richtung hin dieser Aufgabe genügt, bei jedem einzelnen Hoheitsrecht im besonderen die Frage geprüft und dargelegt werden, „wie dasselbe zur Erreichung des Staatszweckes bestimmt und eigends wirke“, da ohne Darlegung dieses näheren Grundes das betreffende Recht als Hoheitsrecht streng wissenschaftlich nicht begründet sei. (§ 273 IV.)

Von diesem Gesichtspunkte aus ist naturgemäſs jede privatrechtliche Befugnis des Regenten — er erwähnt hier beispielsweise die Jagd — von den eigentlichen Hoheitsrechten streng zu scheiden. (§ 273 VIII und Anm. 9.)

Aus der Beziehung der Souveränetätsrechte auf den Staat ergibt sich einmal, daſs dieselben nicht veräuſserlich sein können (§ 273 V), zum andern aber insbesondere, daſs sie auch nur dem Souverän zustehen können, daſs also ein Untertan dieselben niemals für sich zu eigenem Rechte in Anspruch nehmen kann. (§ 273 VI.) Wenn trotzdem, so erklärt Gönner hier, einige Schriftsteller der Ansicht seien, daſs auch bei diesen Rechten die praescriptio immemorialis einen rechtmäſsigen Erwerbsgrund zugunsten von Untertanen abgeben könne, so liege darin zweifellos eine Anomalie, die nur damit entschuldigt werden könne, daſs man sage, es übe hier der Untertan nur vertretungsweise im Namen der Staatsgewalt, das dieser, dem Souveräne, zustehende Recht. (§ 273 VII.)

Der Einteilung dieser Hoheitsrechte nun widmet Gönner

eine ausführliche Darstellung und zwar um deswillen, weil, wie er sagt, dieselbe „mit dem Umfange der Herrscherrechte und ihrer richtigen Darstellung identisch“ ist (§ 275 Einl.)

Er unterzieht zu diesem Behufe vor allem die mannigfachen, vor ihm gemachten Klassifikationsversuche einer Prüfung (§ 274), bei welcher er übrigens zumeist zu einer abfälligen Kritik gelangt.

Seiner Auffassung nach kann ein Einteilungsfaktor für die Hoheitsrechte nur in der Tatsache gefunden werden, dafs dieselben verschieden, jedes in einer bestimmten Weise, zur Erreichung des Staatszweckes bestimmt ist. (§ 273 II.)

Von diesem Standpunkte aus mufs ihm naturgemäfs eine Einteilung in allgemeine und besondere Hoheitsrechte ebenso irrtümlich und logisch unrichtig erscheinen wie eine solche in gröfsere und kleinere Herrscherrechte. (§ 274 III, IV.) Eine Einteilung der Hoheitsrechte in wesentliche und zufällige widerstreitet seiner Anschauung nach überhaupt dem Begriffe des Hoheitsrechtes[1] und die Gliederung derselben in gesetzgebende, richterliche und vollziehende Gewalt dünkt ihm gleichfalls nicht zutreffend und brauchbar. Diese letztere war zu seiner Zeit zweifellos die gebräuchlichere; insbesondere hatte sie Kant seiner Rechtslehre zugrunde gelegt[2]. Sie beruhte eigentlich auf der von Montesquieu formulierten Lehre von der Teilung der Gewalten; diese Dreiteilung, von diesem und den französischen Theoretikern lediglich als konstitutionelles Prinzip gedacht, wurde von der deutschen Publizistik zumeist nicht als solches, sondern nur als theoretisches System zur Zusammenfassung der verschiedenen staatsgewaltlichen Funktionen unter gemeinsamen Gesichtspunkten, zur Einteilung der Hoheitsrechte verwendet Gönner, der sie natürlich auch

---

[1] Was ihn übrigens merkwürdigerweise nicht hindert, dieselbe mit Bezug auf die Landeshoheit selbst zu gebrauchen, vergl. § 256 V, VI.

[2] Rechtslehre § 45 (potestas legislatoria, judiciaria, rectoria).

nur unter diesem Gesichtspunkte betrachtet, erscheint sie, wie er sagt (§ 274 V), weder für das rationelle Staatsrecht erschöpfend, noch für das positive Staatsrecht brauchbar, mit anderen Worten, es schien ihm nicht möglich, die verschiedenen Betätigungsformen der Staatsgewalt, die gerade zu seiner Zeit mit dem Werden des modernen Staates, mit der durch die politischen und innenstaatlichen Umwälzungen hervorgerufenen gesteigerten Tätigkeit des Staates auf allen Gebieten eine ungeahnte Entwicklung und Ausdehnung fanden, unter diese drei Gruppen erschöpfend zusammenzufassen.

Vielmehr sagen ihm gerade um deswillen die „umfassenderen" Klassifikationen Schlözers und Majers zu, wenn er auch im einzelnen auch gegen sie Einwendungen zu machen hat (§ 274 VI, VII).

Nun Gönners Einteilung!

Wie bereits hervorgehoben, erscheint für ihn der Charakter eines dem Herrscher zustehenden Rechts als Souveränetätsrecht nur dann begründet, wenn im einzelnen dargetan zu werden vermag, wie dasselbe zur Erreichung des Staatszweckes bestimmt und geeignet und unmittelbar wirksam sei. Er knüpft deshalb bei Aufzählung der einzelnen Hoheitsrechte in Kürze an jedes derselben eine Darlegung, die den Zusammenhang desselben mit dem Begriffe der höchsten Gewalt, also seine hoheitliche Natur zu erweisen bestimmt ist.

Um die an sich notwendige Prüfung dieser Frage bei der folgenden Darstellung der einzelnen Souveränetätsrechte zu umgehen, mag hier bei Aufführung der von ihm genannten Hoheitsrechte auf seine darauf bezüglichen Ausführungen mit wenigen Worten eingegangen werden.

Ausgehend von dem Gedanken, daſs die im Staate vereinigte Menge von Individuen einer Vertretung insbesondere auch nach auſsen hin bedürfe, stellt er an die Spitze der Hoheitsrechte die Repräsentativgewalt. Weiter schreitend erklärt er, daſs eine zweckmäſsige Regierung notwendig stete Aufmerksamkeit auf alle Vorgänge im Staate und stete Wachsamkeit über alle Behörden und Anstalten erheische und dem Regenten um deswillen die oberaufsehende Gewalt zustehen müsse. — Die Erreichung des Staatszweckes fordert unbedingt die Abgrenzung der Willenssphären der einzelnen im Staate vorhandenen Individuen, da andernfalls die Selbsttätigkeit der Vernunft in ihren Äufserungen überall gehemmt würde, und dem Regenten, der den allgemeinen Willen, die volonté générale repräsentiere, müsse deshalb die Befugnis zustehen, die Normen festzusetzen, nach welchen die Handlungen der Untertanen zur Erreichung des Staatszweckes wirken sollen — anordnende Gewalt. — Weiterhin ist aber auch die richterliche Gewalt für die Regierung des Staates unbedingt notwendig, denn es widerstreite der Idee des Staates, dafs jemandem sein Recht auf dem vernunftwidrigen Wege des eigenen Gerichts und der gesetzlosen Übermacht werde. Die richterliche Gewalt erscheint jedoch nicht ausreichend, um die im Staate notwendige Sicherheit vor allgemeinen Gefahren, vor gemeinschädlichen Einflüssen herbeizuführen, es bedarf hierzu einer besondern Einwirkung des Staates, der Tätigkeit einer besonderen Polizeigewalt. Der Staat kann aber auch, da des Menschen Sinnlichkeit dem Gesetze widerstreitet, des physischen Zwanges zur Handhabung des Gesetzes, der vollziehenden Gewalt nicht entraten und da, wo der physische Zwang nicht ausreicht, mufs als Surrogat der psychologische Zwang, der durch die Androhung eines der Gesetzesübertretung folgenden Übels zu wirken bestimmt ist, eintreten — die Strafgewalt des Staates. — Die Militärgewalt findet ihre Begründung in dem dem Staate als Verein zustehenden Rechte physischer Personen auf Erhaltung und in der Pflicht der Staatsgewalt, die Bürger gegen äufsere Anfälle sicher zu stellen und die Rechte des Staates zu behaupten. Aus dem bezeichneten Personenrechte des Staates ergibt sich aber noch im besondern ein Recht auf Erhöhung seines Wohlstandes und da dieser durch den der im Staate vorhandenen Individuen bedingt ist, so folgt daraus eine Verpflichtung der Staatsgewalt, den Individuen die Mittel zur Erhöhung ihres Wohlstandes darzubieten, eine Pflicht, mit der auf der andern Seite ein Recht der gleichen Art korrespondiert, das sich übrigens von den anderen Hoheitsrechten dadurch unterscheidet, dafs mit der Ausübung desselben ein Zwang niemals verbunden werden darf — Staatswirtschaftsgewalt. — Zur Ausübung all' dieser durch die verschiedenen Arten des Staatszweckes bedingten Rechte der Staatsgewalt bedarf der Staat besonderer Mittel und diesem Bedürfnisse des Staates entspricht ein Recht des Regenten, demselben zu steuern und zu diesem Behufe von den Untertanen die Leistung der hierzu nötigen Dienste zu fordern — Beamtenernennungsrecht. — Aufserdem aber erheischen all' diese Hoheitsrechte einen besondern Aufwand, der von der Gesamtheit, der er zu gute kommt, auch bestritten werden mufs — Finanzgewalt!

Diese von Gönner getroffene Einteilung weicht nun allerdings von der modernen Methode, die Funktionen der Staatsgewalt unter einigen wenigen, höheren und allgemeinen Gesichtspunkten zusammenzufassen, erheblich ab. Sie reiht eigentlich nur die verschiedenen Hoheitsrechte nach der verschiedenen Art, in welcher sie zur Erreichung des Staatszweckes bestimmt und wirksam erscheinen, lose nebeneinander. Rein theoretisch betrachtet, bedeutet sie deshalb im Vergleiche zu anderen vor ihm gemachten Klassifikationsversuchen, so insbesondere der Kantschen Dreiteilung gegenüber, eigentlich einen Rückschritt. Gleichwohl dürfte es aber keinesfalls angehen, lediglich aus theoretischen Erwägungen darüber den Stab zu brechen. Im Gegenteil! Es läfst sich nicht verkennen, dafs wie die ganze Systematik seines Werkes, so gerade auch die von ihm hier vorgenommene Einteilung der Hoheitsrechte für die Darstellung des positiven Rechtes, um die es sich ja in erster Linie handelte, von aufserordentlich praktischer Bedeutung gewesen ist.

Dies beweist einmal schon die äufserst klare, übersichtliche und lichtvolle Darstellung, die das „Regierungsrecht“ auf Grund dieser Einteilung bei ihm gefunden — — man vergleiche damit nur beispielsweise die bezügliche Einteilung wie die ganze Systematik des Leistschen Lehrbuches! — zum andern aber zeigt sich das vor allem darin, dafs wie die Systematik seines Teutschen Staatsrechts im ganzen für die Behandlung des positiven deutschen Rechts, so auch die von ihm hier getroffene Einteilung für die Folgezeit bei Darstellung des „Regierungsrechtes“ vorbildlich geworden ist und Gönner bis in die Mitte des 19. Jahrhunderts, teilweise sogar bis in unsere Tage, einen weitreichenden Einflufs in dieser Richtung ausgeübt hat, so dafs Lorenz v. Stein mit vollstem Rechte Gönner als „den eigentlichen Vater des systematischen deutschen Staatsrechts“ bezeichnen konnte.

§ 11. a. Die Repräsentativgewalt.

Als erstes Hoheitsrecht behandelt Gönner die Repräsentativgewalt.

Als Ausflufs der souveränen Gewalt ist dieses Hoheitsrecht wie in der Reichshoheit, so auch in der Territorialgewalt enthalten (§§ 276, 282), da ja auch diese letztere, nach Gönner als höchste, oberste Gewalt im Sinne des rationellen Staatsrechts zu erachten ist (vgl. § 227).

In den einzelnen Territorien steht das Hoheitsrecht dem Landesherrn (§ 282), im Reiche dem Kaiser zu — jedoch nicht unbeschränkt. In den Territorialstaaten ist der Landesherr wenigstens teilweise bei Ausübung desselben durch die Landstände eingeschränkt (vgl. § 283 II), im Reiche aber steht den Reichsständen ein Anteil an demselben zu (§ 276 I). Gerade bei Darstellung der einzelnen Hoheitsrechte zeigt sich eben, wie wir in den folgenden Ausführungen wiederholt sehen werden, dafs fast durchweg die freie Ausübung dieser Rechte dem Regenten nicht zusteht, dafs von einem ausschliefslichen Besitze derselben nicht die Rede sein kann, und es erhebt sich gerade hierbei um deswillen immer wiederum die Frage nach der Beschränkbarkeit bezw. Teilbarkeit der souveränen Gewalt. Wir haben diese Frage für den Begriff als Ganzes bereits oben ausführlich erörtert und es kann deshalb hier, wie bei der Mehrzahl der übrigen Hoheitsrechte, von einem näheren Eingehen auf dieselbe Umgang genommen werden.

Inhaltlich begreift die Repräsentativgewalt nach Gönner die mannigfachsten Rechte des Souveräns in sich.

Vor allem subsumiert Gönner unter dieselbe die dem Souverän zustehenden Ehrenrechte (§§ 277, 282). Es erscheint dies auf den ersten Blick etwas befremdlich. Nach dem Vorgange Bodins waren nämlich gerade diese Rechte in der Literatur immer und stets aus der Reihe der Souveränetätsrechte ausdrücklich ausgeschieden worden, indem man darauf hinwies, dafs dieselben tatsächlich auch anderen, nicht souveränen Persönlichkeiten zuständen bezw. von denselben in Anspruch genommen würden, und das am meisten in die Augen springende Beispiel waren hier die nichtsouveränen deutschen Landesfürsten, ein Beispiel, das auch schon Bodin angezogen hatte. Da nun aber Gönner die deutsche Landeshoheit im Prinzip als höchste Gewalt im Sinne des allgemeinen Staatsrechts fafste, ihm infolgedessen auch der Landesherr in gewissem Sinne als Souverän erscheinen mufste, so standen nunmehr bei dieser Auffassung diese Ehrenrechte auch den sämtlichen deutschen Landesfürsten zu eigenem Rechte zu und unter diesen Umständen lag es ja recht nahe, zumal bei Darstellung des positiven Rechtes, auch die Ehrenrechte in Verbindung mit dem Souveränetätsbegriff zu bringen, und Gönner hat dies getan, indem er dieselben dem höheren Begriff des Hoheitsrechtes der Repräsentativgewalt eingliederte.

Weiterhin enthält dieses Hoheitsrecht Befugnisse und Rechte, welche aus der Aufgabe des Souveräns, den Staat nach aufsen zu vertreten, resultieren, wie das Recht, Gesandte „anzunehmen“, abzusenden, zu instruieren (§§ 278 III, IV; 283 I), Bündnisse und Staatsverträge zu schliefsen (§§ 275 I; 283 I) u. s. w.; vor allem hat Gönner, auch hier abweichend von der bisherigen Übung, hierunter das Recht, über Krieg und Frieden begriffen (§§ 275 I; 278 VIII Z. 2; 280), das von den Staatsrechtstheoretikern im Anschlusse an Bodin stets und zwar zumeist mit den von Gönner bei dem besonderen Hoheitsrechte der Militärgewalt gegebenen Ausführungen als eigenes Souveränetätsrecht behandelt worden war.

Als dritte Gruppe finden sich unter diesem Hoheitsrecht noch dem Souverän im Verhältnisse nach innen zustehende Befugnisse: das Recht der Authentisierung der im Staate erlassenen Gesetze und Verordnungen (§§ 275, 278 VIII; 283 I), die Erteilung von Konfirmationen (§§ 281, 283 I) u. s. w. Die Einzelausführungen Gönners in diesem Zusammenhange sind hier nicht von Belang; es kommt ihnen nur positivrechtliche Bedeutung zu.

§ 12. b. Die oberaufsehende Gewalt.

Wesen und Umfang dieses von ihm übrigens nur kurz behandelten Hoheitsrechtes hat Gönner in der Hauptsache eigentlich negativ bestimmt. Zwar stellt er den allgemeinen Satz auf, dafs die oberaufsehende Gewalt sich auf alles beziehe, was auf den Staat im ganzen öffentlich wirke (§ 284 I), allein offensichtlich war seiner eigenen Anschauung nach damit ein richtiges Bild über Wesen und insbesondere über Umfang des Oberaufsichtsrechtes nicht gewonnen, denn er glaubt den aufgestellten positiven Satz inhaltlich dadurch näher präzisieren zu sollen, dafs er die nahe verwandten Hoheitsrechte der Polizei- und Strafgewalt von dem staatlichen Oberaufsichtsrechte begrifflich zu scheiden sucht. Die Grenzen sind hier, wie wir später vor allem bei Erörterung des Begriffes „Polizei“, wie Gönner ihn gefafst, ersehen werden, zweifellos wenig scharfe. Seine Ausführungen in dieser Richtung gipfeln darin, dafs, während das

Wesen der Polizei- wie der Strafgewalt der Schutz und die Sicherung der Interessen der Einzelpersönlichkeiten ausmache, die aufsehende Gewalt es immer nur mit Wahrung und Sicherung der Interessen der Allgemeinheit, des Staatsganzen, zu tun habe (§ 284 II).

Die hoheitliche Natur dieses Rechtes bedarf nach ihm, zweifellos mit Rücksicht auf die von ihm bereits bei der allgemeinen Betrachtung und Aufzählung der Hoheitsrechte gegebenen Ausführungen, eines besonderen Beweises, einer ausführlicheren Begründung nicht.

Inhaltlich gliedert er das Hoheitsrecht nach einer dreifachen Richtung. Einmal, so führt er aus, erstrecke es sich auf die Kenntnis der im Staate vorhandenen Kräfte, sodann beziehe es sich „auf Beobachtung alles dessen, was die Staatsverfassung und Staatsgesetze gebieten“ und endlich betreffe es die Überwachung der öffentlichen Anstalten und Ämter im Staate.

Den letzteren Punkt hat Gönner nicht näher erläutert. Unter die zweite Gruppe subsumiert er in der Hauptsache Rechte polizeilichen Charakters, und zwar sicherheits-, wie gewerbepolizeilicher Natur, wie die Sorge für die Erhaltung der öffentlichen Ruhe und Ordnung, die Überwachung aller „ins öffentliche wirkenden Gewerbe“, wie Apotheken, Wirtshäuser u. s. w. Gerade die Subsumtion dieser Rechte unter die oberaufsehende Gewalt zeigt, wie hart diese letztere und die Polizeigewalt aneinander grenzen und daſs die Scheidung beider auch mit dem Hinweise darauf, daſs erstere nur die Wahrung der allgemeinen, öffentlichen Interessen zum Zwecke habe, nur schwer sich durchführen läſst (vgl. hierzu auch §§ 328, 333, 334).

In der ersten Gruppe führt Gönner auf: das Recht der Vornahme von Volkszählungen, von Erhebungen über die im Staate vorhandenen Gewerbe, über Ein- und Ausfuhr, über Ernteergebnisse, über den Vorrat an Lebensbedürfnissen im Staate u. s. w., Rechte, die allgemeiner erst mit dem Entstehen des modernen Staates, bei den gesteigerten Anforderungen, wie sie nunmehr an den Staat gestellt wurden, von der Staatsgewalt tatsächlich geübt wurden und die um deswillen bis dahin von der Theorie bei Behandlung der hoheitlichen Befugnisse des Staates Erwähnung zumeist nicht gefunden hatten. Es gibt das im kleinen ein Beispiel dafür ab, dafs, was wir auch späterhin noch besonders zu betonen Veranlassung haben werden und was Gönner auch selbst, wenigstens indirekt in seinen einleitenden allgemeinen Bemerkungen (§ 273 I—IV) zum Ausdruck gebracht hat, die hoheitlichen Befugnisse der Staatsgewalt, die Souveränetätsrechte ihrer Natur nach niemals im einzelnen für immer abschliefsend aufgezählt und festgelegt werden können. Mit dem Anwachsen der Aufgaben des Staates erweitern sich eben die Funktionen der Staatsgewalt — mufs auch in der Theorie Umfang wie Inhalt der Hoheitsrechte eine Ausdehnung erfahren.

§ 13. c. Die anordnende Gewalt insbes. das Gesetzgebungsrecht.

Zur Erreichung des Staatszweckes erscheint notwendig eine normative Abgrenzung der freien Willensbetätigung der Individuen, die Setzung von Normen für das äufsere Verhalten derselben, da andernfalls, wenn es jedem einzelnen verstattet wäre, seiner eigenen Meinung zu folgen, „die Selbsttätigkeit der Vernunft in ihren Äufserungen überall gehemmt“ würde. Dem Regenten, der die volonté générale, den Gemeinwillen, und zwar nach Kant nicht den empirischen, sondern den vernunftgemäfsen, und so, wie Gönner konsequent weiterschreitend erklärt, die Vernunft selbst repräsentiert, steht diese Aufgabe zu, und dieser seiner Aufgabe entspricht ein eigenes Hoheitsrecht, das der „anordnenden Gewalt“ (§ 275 III).

Diese anordnende Gewalt äufsert sich in ihrer Tätigkeit nach einer dreifachen Richtung, einmal in Setzung allgemeiner Normen, abstrakter Regeln (Gesetzgebung), sodann in der Erteilung von Privilegien, d. i. Setzung einer speziellen, eine bestimmte Einzelperson von den allgemeinen Rechtsregeln befreienden Norm, endlich in der Erlassung von besonderen Befehlen und Anordnungen für Einzelfälle.

Ehe wir uns nun diesen drei verschiedenen Funktionen der anordnenden Gewalt des näheren zuwenden, erscheint es geboten, zunächst die hier in Frage kommenden Grundbegriffe einer kurzen Erörterung zu unterziehen. Hier ist es vor allem der Begriff des Gesetzes, der einer etwas eingehenderen Betrachtung bedarf.

Gönner ist wie überhaupt seiner Zeit, der Begriff des Gesetzes nur im materiellen Sinne geläufig. Scharf umrissen ist jedoch derselbe bei ihm keinesfalls.

„Gesetz" sind ihm, so läſst sich etwa der bei ihm sich findende Begriff zusammenfassen: aus der höchsten Gewalt flieſsende (arg. § 290 IV, 287) allgemeine Normen (§§ 275 III; 292 IV; 299 Anm. s., Handb. I S. 18) rechtssetzenden Inhalts, die sich auf die Gesamtheit der im Staate vorhandenen Personen und Sachen (arg. § 293 I) oder aber, wie die speziellen Gesetze, „jura singularia" zum wenigsten auf gewisse Klassen von Personen und Sachen (§ 293 I), niemals aber auf ein einzelnes Individuum (arg. § 293 II) oder auf einzelne Fälle oder Handlungen (§§ 297 arg. § 299 Anm. s., § 367) beziehen und sich eben dadurch von den Privilegien wie von den „besonderen Befehlen und Anordnungen" unterscheiden.

Das Moment der Allgemeinheit erscheint somit als Essentiale des Gesetzesbegriffes; die Idee der Rechtssetzung für einen einzelnen, unter die allgemeinen Normen nicht unterzuordnenden, vielmehr besondere Berücksichtigung und eine eigenartige Behandlung erheischenden Fall, der Begriff des Individualgesetzes ist Gönner fremd.

Dem Inhalte nach kann das Gesetz sich auf alle Rechtsgebiete erstrecken, insbesondere auf alle Regierungsgegenstände ohne Ausnahme sich beziehen (§ 287 II) und somit neben zivilrechtlichen auch prozeſsrechtliche, polizeiliche, strafrechtliche u. s. w. Normen enthalten (cfr. z. B. §§ 307, 291 III, 329, 345, 349 u. s. w.).

Der Begriff des Gesetzes im formellen Sinne ist Gönner nicht geläufig.

Dafs sich für ihn dieser Begriff bei Darstellung der Verhältnisse in den Territorialstaaten, wo er, gerade so wie im Reiche, eine eigene gesetzgebende Gewalt anerkennt, nicht ergeben konnte, liegt ja klar zutage. Hier herrschte zu jener Zeit, wie bereits wiederholt hervorgehoben, allüberall tatsächlich der Absolutismus, dem Gönner auch in seinen theoretischen Ausführungen in überraschender Weise das Wort redet (vgl. z. B. §§ 256, 275 III); die Macht und der Einflufs der Stände waren von der landesherrlichen Gewalt überwunden, die Stände selbst zumeist zu blofsen „mit gewissen Rechten der Autonomie und Selbstverwaltung ausgestatteten Korporationen“ (vgl. § 252 f.) herabgedrückt worden. In einem absolut regierten Staate aber mufs dieser Begriff naturgemäfs fehlen.

Aber auch im Reiche, wo derselbe mit Rücksicht auf die Stellung der Stände zweifellos näher lag, findet er sich bei Gönner nicht. Er ist ja überhaupt der damaligen Zeit in der Hauptsache noch fremd und verdankt seine Entstehung erst der weiteren Ausbildung des damals allerdings nicht mehr völlig unbekannten, aber sich erst langsam entwickelnden konstitutionellen Prinzips.

Damit entfällt natürlich auch die Möglichkeit des Begriffes der „Verordnung“ in formellem Sinne.

Verordnungen in materiellem Sinne, als welche die moderne Rechtslehre die allgemeinen Mafsregeln der vollziehenden Gewalt, also „eine vom Gesetz verschiedene Gattung von Staatswillensakten“ [1] bezeichnet, lassen sich nach seinen Ausführungen wohl annehmen und lagen natürlich in dem positiven Rechtsstoffe seiner Zeit vor, allein klar

---

[1] Jellinek, Gesetz u. Verordnung. S. 368.

erfaſst und ausgeführt hat Gönner diesen Begriff nicht; es zeigt sich in seinen Werken allenthalben der Mangel einer scharfen Scheidung zwischen Gesetz und Verordnung, der ihn denn auch die beiden Bezeichnungen zumeist schlechthin synonim gebrauchen läſst (vgl. z. B. §§ 293 I; 291 III; Staatsrechtsdienstbarkeiten S. 188, 189 u. s. w.) — eine Tatsache, die in dem Fehlen des begrifflichen Gegensatzes von Gesetzgebung und Vollziehung im Sinne der heutigen Staatsrechtswissenschaft ihre Erklärung findet[1].

Die Dreiteilung nun, die Gönner innerhalb der anordnenden Gewalt vorgenommen, sie ist nicht auf prinzipiellen Unterscheidungen aufgebaut, es liegt ihr im ganzen nur der Unterschied zwischen allgemeinen Anordnungen und lediglich individuelle Verhältnisse regelnden Vorschriften zugrunde, wobei die Privilegien wohl um deswillen eine besondere Hervorhebung erfahren haben, weil sie einmal einen besonderen Herrscherakt rechtssetzenden Inhalts bedeuteten, sodann aber insbesondere deshalb, weil gerade das Recht der Erteilung von Privilegien im positiven Rechte, und zwar im Reichsrechte, mit Rücksicht auf das in dieser Beziehung bestehende kaiserliche Reservatrecht eine besondere eingehendere Darstellung erheischte.

Wenden wir uns zunächst der gesetzgebenden Gewalt zu.

Das Gesetzgebungsrecht bezeichnet Gönner ausdrücklich als Ausfluſs der souveränen Gewalt — „von der Gesetzgebung kann das Merkmal der obersten Gewalt . . . nicht hinweggedacht werden“ (§ 290 IV).

Es ist demnach dieses Recht enthalten in der Reichshoheit (§ 287) und wird im Reiche vom Kaiser und den Reichsständen ausgeübt.

Aber auch in der Landeshoheit ist, da dieselbe ja seiner Auffassung nach den Inbegriff aller in der obersten Gewalt nach dem rationellen Staatsrecht liegenden Rechte in sich

---

[1] Das Hoheitsrecht der „vollziehenden Gewalt“ (§§ 339—343) hat Gönner nur in dem beschränkten Sinne von Zwangsgewalt gebraucht (vergl. hierüber unten!).

enthält (§ 227), das souveräne Recht der Gesetzgebung enthalten. Der lang geführte Streit, ob dem Landesherrn grundsätzlich neben dem Gesetzgeber im Reiche ein solches Recht zuerkannt werden könne, berührt ihn bei dieser seiner Auffassung von dem Wesen der Landeshoheit nicht. Es war der Publizistik angesichts der tatsächlichen Verhältnisse schon lange nur zu schwer gefallen, lediglich um des Prinzips der Einheit des Reiches willen den Landesherren ein souveränes Gesetzgebungsrecht abzuerkennen und sie hatte sich deshalb mit den verschiedentlichsten Konstruktionen zu behelfen gesucht, um das von den Landesherren tatsächlich geübte Recht mit der Theorie in Einklang zu bringen. Die gemachten Versuche bewegten sich meist in der Richtung, daſs man diese Gesetzgebungsgewalt nicht als ein eigenes, sondern nur als ein auf kaiserlicher Konzession und Übertragung beruhendes Recht des Landesregenten bezeichnete. Diese Konstruktionen hatten nun zweifellos schon für ihre Zeit etwas Gekünsteltes an sich; allein wenn man sah, wie die Landesherren sonder Einschränkung für ihre Territorien Gesetze schufen, die in ihrem Namen verkündet wurden und für alle Landesuntertanen ohne Ausnahme verbindlich waren (vgl. § 289), wenn man sah, wie dieselben gleich dem souveränen Gesetzgeber im Reiche die erlassenen Gesetze aufhoben und abänderten, von ihnen dispensierten u. s. w. (cfr. § 291), wie die erlassenen Gesetze, in ihrer Verbindlichkeit ausdrücklich von den Reichsgerichten anerkannt, sogar den Gesetzen des Reiches zu derogieren die Kraft hatten (cfr. § 290), so muſste man eben, wenn man doch einmal trotz alledem, mit Rücksicht auf die Idee von der „Einheit“ des Reiches, zu der Anschauung, daſs die Reichsstände souverän seien und aus ihrer souveränen Gewalt das von ihnen tatsächlich geübte Gesetzgebungsrecht sich ableite, sich nicht bekennen wollte und konnte, mit derartigen Konstruktionen sich zu behelfen suchen.

Gönner hat hier auf Grund der eben geschilderten tatsächlichen Verhältnisse sonder Bedenken einen Schritt weiter getan. Er erklärt: das Recht der Gesetzgebung ist für alle Gegenstände in der Landeshoheit enthalten und wird vom Landesherrn ausgeübt (§ 289). Dieser ist dabei weder an den Konsens des Reichs noch an kaiserliche Bestätigung gebunden (§ 290 I), denn dieses Gesetzgebungsrecht ist eben der Ausfluſs der in der Territorialhoheit liegenden obersten Gewalt (vgl. § 290 IV).

Seine bereits mehrfach erörterte Auffassung der Landeshoheit als oberster, höchster, jedoch infolge des das deutsche Staatsrecht beherrschenden Grundsatzes der „Staatseinheit" im Prinzip der Reichshoheit untergeordneter Gewalt war es, die ihm diesen Schritt ermöglichte; denn für ihn bestand so die Befürchtung, die fast sämtliche Publizisten der Konzedierung eines eigenen souveränen Gesetzgebungsrechts an die Landesherren widerstreben lieſs, nämlich, daſs diese hierdurch zu Souveränen und damit die stets festgehaltene Einheit des Reichs zerstört würde, überhaupt nicht. Von seiner Grundauffassung aus war es eben für ihn leicht, folgendermaſsen zu konstruieren: Die Landeshoheit ist höchste, oberste Gewalt — also muſs dem Landesherrn auch das Recht der Gesetzgebung zu eigenem Rechte zustehen. Damit kann aber keineswegs die Einheit des Reichs irgendwie in Frage gestellt werden, denn — die höchste Gewalt im Territorium, sie ist und bleibt doch der souveränen Gewalt des Reichs untergeordnet, und diese Unterordnung dokumentiert sich gerade bei dem Recht der Gesetzgebung in den mancherlei Beschränkungen, denen die landesherrliche Gewalt hierin mit Rücksicht auf den Reichsverband unterworfen ist, und die hauptsächlich darin liegen, daſs nichts gegen Reichsgrundgesetze und nichts gegen absolut gebietende oder verbietende Reichsgesetze verordnet werden darf (§ 290 II) und daſs die Territorialgesetzgebung sich nicht auf Gegenstände erstrecken darf, welche das Verhältnis des Landesherrn, des Landes oder der Untertanen zum Gesamtstaate betreffen (§§ 290 IV; 291 VI, VII).

Die oberste Gewalt ist die Quelle alles Rechts, der Wille des souveränen Gesetzgebers schafft die rechtsverbindliche Norm. Deshalb kann auch das Gewohnheitsrecht als Gesetz i. e. als bindende Rechtsnorm, nur im Willen des Gesetzgebers seinen Grund haben (§ 292 I), nicht in den Handlungen der Untertanen, welche lediglich den Erkenntnisgrund für dasselbe bilden. Der Unterschied zwischen Gewohnheitsrecht und geschriebenem Gesetz beruht nur in der verschiedenen Art, in welcher der Wille des Gesetzgebers den Normen die verpflichtende Kraft zuteilt — Unterscheidung zwischen Gesetzesinhalt und Gesetzesbefehl —; während beim geschriebenen Gesetz dies ausdrücklich geschieht, wird der Konsens beim Gewohnheitsrecht vom Gesetzgeber stillschweigend erteilt (§ 292 II).

Dieser Gedanke, den Gönner hier zum Ausdruck gebracht, war für seine Zeit nicht neu. Schon Besold hatte denselben ausgesprochen, und die herrschend gewordene Bodinsche Souveränetätslehre, der auch Gönner im allgemeinen gefolgt und der gerade das Recht der Gesetzgebung als das wichtigste, bedeutendste Souveränetätsrecht, die „Rechtsatzung“ als das „Vorrecht“ der souveränen Gewalt erschien[1], mufste naturgemäfs diese Auffassung bestärken. Normale Rechtsquelle ist also allein das Gesetz; das Gewohnheitsrecht mufste, wenn man ihm nicht überhaupt, wie es wohl zuweilen geschah, jede verbindliche Kraft absprach, gleichfalls im Willen des Gesetzgebers begründet sein — mit der Konstruktion vom „stillschweigenden Konsense“ des Gesetzgebers suchte man sich hier zu behelfen.

Mit dieser Auffassung brach übrigens bald schon nach Gönner die „historische Schule“, die, indem sie der blofsen Volksüberzeugung Verbindungskraft beilegte, auf diese allein das Gewohnheitsrecht wie das Gesetz zurückführte.

Dem Gesetzgebungsrecht hat nun Gönner als gleich-

[1] Vergl. Hancke a. a. O. S. 53.

geordnet zur Seite gestellt das Recht der Erteilung von Privilegien. Er versteht darunter eine Befreiung, eine Ausnahme „von der Verordnung des gemeinen Rechts“ (§ 293).

Das unterscheidende begriffliche Merkmal zwischen Gesetzgebung und Erteilung von Privilegien, das Gönner aufführt, wurde bereits oben erörtert. Als besonderes, diese Scheidung bedingendes, tatsächliches Moment kam, wie gleichfalls schon hervorgehoben, noch hinzu, dafs letzteres Recht nach dem positiven Reichsrechte als kaiserliches Reservatrecht sich darstellte, der Kaiser in Ausübung dieses Reichshoheitsrechts, anders wie beim Gesetzgebungsrecht, in der Regel den Konsens der Reichsstände nicht einzuholen brauchte (§ 294).

Wie im Reiche so hat Gönner auch mit Bezug auf die landesherrliche Gewalt diese Trennung und Scheidung vorgenommen (§ 295), doch läfst gerade hier die Darstellung erkennen, dafs dieselbe, da sie ja an sich begrifflich nicht geboten erscheint, weil man richtigerweise das Recht Privilegien zu erteilen als Ausflufs des Gesetzgebungsrechts zu erachten hat, hauptsächlich nur mit Rücksicht auf die positivrechtlichen Verhältnisse im Reiche von ihm durchgeführt wurde.

Tiefer begründet ist die Scheidung zwischen gesetzgebender Gewalt und der Befugnis, besondere Befehle und Anordnungen für Einzelfälle zu erteilen.

Ohne diese letztere kann, so erklärt Gönner (§ 297), ein Staat in der Wirklichkeit überhaupt nicht regiert werden, und es erweist sich dieselbe als ein „besonderes Mittel zur Erreichung des Staatszweckes“. Wie eine nähere Betrachtung des Inhalts dieser hoheitlichen Befugnis, wie Gönner sie gefafst, aufser allen Zweifel stellt[1], ist in diesen Ausführungen, wenn auch nicht direkt ausgesprochen, so doch implicite enthalten der Gedanke, dafs es eine Gewalt geben müsse, welche den vielfachen und meist rasch

[1] Vergl. §§ 298. 299.

wechselnden Bedürfnissen des Staates entgegenzukommen und ihnen rasch zu genügen imstande ist, da die Gesetzgebung in ihrer Schwerfälligkeit (zumal im Reiche) denselben mit der notwendigen Schnelligkeit nicht gerecht zu werden vermag. Es ist dies der Gedanke, mit dem die moderne Rechtswissenschaft die Notwendigkeit einer von der „Gesetzgebung" getrennten „Regierung", und damit „einer eigenen, von der des Gesetzes unterschiedenen Form staatlicher Willensäufserungen" [1] id est der Verordnungen in materiellem Sinne zu begründen pflegt. — Wenn Gönner an der bezeichneten Stelle fortfährt: „und wenn auch manche spezielle Befehle nur Mittel zur Ausübung eines besonderen Hoheitsrechtes .... sind, so mufs doch das Recht solche besonderen Befehle zu erlassen, schon darum in seiner Allgemeinheit behandelt werden, weil es überhaupt als besonderes Mittel zur Erreichung des Staatszwecks wirkt"; wenn er also so ausdrücklich darauf hinweist, dafs diese speziellen Befehle bei den einzelnen Hoheitsrechten zur Ausübung id est Vollziehung derselben dienen und das Recht zum Erlasse derselben als eigenes Hoheitsrecht erscheint, so ist er damit zweifellos dem modernen Begriffe der Vollziehung, der vollziehenden Gewalt nahe gekommen. Wenn man sich vergegenwärtigt, dafs nach ihm die Gesetzgebung sich inhaltlich über alle Regierungsrechte erstreckt und dafs dieselbe die Setzung von allgemeinen Normen zum Gegenstande hat, dafs er andererseits, gleichsam als Gegensatz dazu, ein eigenes ebenfalls auf die einzelnen Regierungsrechte sich erstreckendes hoheitliches Recht, besondere, die individuellen Verhältnisse im Einzelfalle berücksichtigende Befehle zu erteilen, statuiert, so läfst sich daraus eine, wenn auch nicht scharf ausgeprägte, so doch beachtenswerte Annäherung an die moderne Scheidung zwischen Gesetzgebung und Vollziehung entnehmen.

Diese ganze Auffassung und Darstellung Gönners zeugt von einer scharfen Beobachtung des praktischen Staats-

---

[1] Jellinek, Gesetz und Verordnung S. 370.

lebens, das diese Scheidung schon lange Zeit aufwies und zwar insbesondere im Reiche, wo die Stellung des Kaisers, der als Träger der Exekutivgewalt vielfach mit einem besonderen Befehlsrechte ausgestattet erscheint, das man von alters unter dem Begriff „kaiserliche Machtvollkommenheit“ zusammenzufassen pflegte, und das sich von der gesetzgebenden Gewalt, die bei Kaiser und Reich stand, scharf unterschied, vor allem Veranlassung zu den ersten Untersuchungen über den Gegensatz von „gesetzgebender“ und „befehlender, anordnender Gewalt“ geben mufste und auch tatsächlich gegeben hat.

Dafs Gönner hier nicht weiter vorgeschritten ist, liegt vor allem in dem bereits früher hervorgehobenen Mangel eines scharf ausgebildeten Begriffes des Gesetzes und in dem damit in engstem Zusammenhange stehenden Mangel eines richtigen Verständnisses für Wesen und Bedeutung der gesetzgebenden Gewalt, der sich bei Gönner ja schon dadurch dokumentiert, dafs nach ihm die gesetzgebende Gewalt lediglich als ein Teil des „Regierungsrechtes“, gleichgeordnet den mannigfachen übrigen Hoheitsrechten, erscheint. Solange aber der Begriff der gesetzgebenden Gewalt nicht die ihm zukommende Bedeutung erlangt, vermag sich der Begriff der Vollziehung im modernen Sinne und damit auch der Gedanke der Teilung der Staatsfunktionen in Gesetzgebung und Vollziehung nicht durchzuringen.

§ 14. d. Die richterliche Gewalt.

Als Ausflufs der Herrschergewalt id est der höchsten Gewalt erscheint auch die Justizhoheit (§ 300 X).

Sie ist, wie Gönner ausführt, jene Gewalt, welche im Staate bei sich ergebenden Rechtsansprüchen über das Mein und Dein jedem einzelnen das Seine unter Ausschlufs des vernunftwidrigen Weges des eigenen Gerichts und der gesetzlosen Übermacht hoheitlich zuerkennt, also individuelle

---

[1] Vergl. v. Stein, Verw.Lehre Bd. I S. 76 ff.

Rechtsansprüche eines Privaten gegen den andern über Mein und Dein zum Gegenstande hat (§§ 275 IV; 300 I, VI; 303 I).

Die Kriminaljustiz ist demnach in dem Hoheitsrechte der richterlichen Gewalt nicht mit inbegriffen, sie ist vielmehr ein Teil der Kriminal-, der Strafgewalt; „bürgerlich-richterliche (judiciaria) und Criminalgewalt liegen himmelweit auseinander", es sind das verschiedene Zweige der Staatsgewalt, die nicht miteinander verwechselt werden dürfen, denn „jede handelt aus besonderen Ansichten, jede hat einen eigenen Zweck, jede ihre besonderen Mittel." (Handbuch des deutschen gemeinen Prozesses [1801] Bd. I S. 149.)

Zur Durchführung der hiernach der Staatsgewalt gestellten Aufgabe und zur Erreichung ihres Zweckes: der Rechtsprechung, erscheinen besondere Mittel nötig. Die Justizgewalt begreift um deswillen auch in sich das Recht: 1. Gerichte anzuordnen, 2. den Geschäftskreis und die Grenzen jedes Gerichts zu bestimmen, 3. die Gerichte mit tauglichen Subjekten zu besetzen und 4. über dieselben die nötige Aufsicht zu pflegen (§ 300 IX). Es zeigt sich hier in der Scheidung zwischen „Zweck" und „Mittel" eine Trennung zwischen eigentlicher Justizpflege (Rechtsprechung) und Justizverwaltung im modernen Sinne, die bei der Frage der Ausübung der Justizgewalt durch den Regenten von Bedeutung ist. (cfr. hierüber unten!)

Da die Justizgewalt Ausfluſs der obersten Gewalt ist, so ist dieselbe wie in der Reichshoheit (§§ 301, 308), so auch in der Landeshoheit enthalten (§ 324). Denn da von Gönner dem Landesherrn prinzipiell trotz ihrer Unterordnung unter die Reichshoheit die höchste Gewalt im Sinne des allgemeinen Staatsrechts zugesprochen wird, so muſs auch in ihnen die Quelle aller Gerichtsbarkeit in den einzelnen Territorien erblickt werden (§ 301 III; § 324) und dieser Grundsatz bewährt seine Geltung vor allem auch gegenüber der „aus dem barbarischen Geiste des Mittelalters" sich herleitenden, in den einzelnen Territorialstaaten vielfach noch sich findenden Patrimonialgerichtsbarkeit, die um deswillen den Grund ihres rechtlichen Bestandes nur in einer ausdrücklichen oder stillschweigenden Übertragung seitens des Landesherrn zu finden vermag (§§ 301 IV; 324 II; 325).

Wenn nun aber auch der Regent, da er die Quelle aller Gerichtsbarkeit ist, „im eigentlichen Verstande“ als oberster Richter erscheint, so ist er doch bei Ausübung seiner Justizgewalt einer weitgehenden Einschränkung unterworfen.

Die Rechte der eigentlichen Justizverwaltung (cfr. oben) übt er ja allerdings ohne jedwede Beschränkung aus. Allein in der Rechtsprechung, in der eigentlichen Justizpflege ist er an die Vertretung durch von ihm zu bestellende Richterbeamte gebunden; er darf Rechtsstreitigkeiten nicht selbst entscheiden (§ 300 XI).

Die so bestellten Richterbeamten üben aber dann nur das ihnen vom Regenten, vom Souverän übertragene Recht vertretungsweise für denselben in seinem Namen (§§ 300 XI; 308; 316 III Z. 2), sie üben nur eine jurisdictio administratoria (§ 325 I), der eigentliche Richter bleibt sonach stets der Souverän.

Der Grund dafür, dafs der Regent in Rechtsstreitigkeiten selbst eine Entscheidung nicht fällen darf, liegt, wie Gönner dartut, darin, dafs es dem Regenten tatsächlich nicht möglich ist, diese Funktion seiner Justizgewalt persönlich auszuüben, „weil“, wie er ausführt, „zu Entscheidung der Rechtsstreitigkeiten Studium der Gesetze, Zeit für die Verhandlung und Beurteilung, Kälte in Prüfung der Gründe beider Teile und eine für Rechtssachen eigends geschärfte Urteilskraft erfordert wird: und auf eine Vereinigung aller dieser Eigenschaften in der Person des Herrschers so wenig gerechnet werden kann, als es bei seinem hohen Berufe möglich wäre, sich mit einzelnen Rechtssachen zu beschäftigen“ (§ 300 XI). Die Beweisführung ist also hier eine rein politische; er weist nachdrücklich darauf hin, dafs es keineswegs die Lehre von der Teilung der Gewalten sei, die diesen Satz bedinge; ihm erscheint überhaupt das Postulat dieser Lehre, die subjektive Trennung der legislativen, exekutiven und richterlichen Gewalt, schon für das allgemeine Staatsrecht unannehmbar und überdies kennt, wie er a. a. O. (§ 95) erklärt, die positive deutsche Staatsverfassung diese Trennung nicht.

Als allgemeine Regel gilt also, dafs der Regent in Rechtsstreitigkeiten eine Entscheidung nicht treffen kann; „alle Handlungen des Richters als solchen, alle Entscheidungen, Urteile und Verfügungen, wobei das Faktum unter das Gesetz subsumiert und ein Ausspruch der verwaltenden Justiz gefällt werden soll, sind also der landesherrlichen Gewalt (id est dem Regenten, dem Souverän) entzogen.“ (Handbuch Bd. I S. 5.) Der von den Anhängern der Bodinschen Souveränetätslehre aus dem Begriffe der höchsten Gewalt und der daraus folgenden Eigenschaft des Souveräns als obersten Richters vielfach abgeleitete Satz, der noch bis unmittelbar vor Gönner Vertretung gefunden hatte [1], dafs nämlich der Souverän berechtigt sei, sämtliche Rechtsstreitigkeiten seiner Untertanen unmittelbar vor sein Forum zu ziehen, hatte für ihn und seine Zeit keine Geltung mehr. Er selbst führt in seinem „Handbuch“ Bd. I S. 1 f. aus, man müsse von gerechtem Staunen ergriffen werden, wenn man den Wechsel der Grundsätze gerade in dieser Beziehung betrachte. Noch vor zwei Jahrhunderten hätten die sächsischen Stände es als besondere Vergünstigung von ihrem Landesherrn sich erbeten, dafs derselbe ihre Streitigkeiten persönlich entscheide und zu jetziger Zeit werde mit peinlicher Gewissenhaftigkeit und von den Reichsgerichten mit unnachsichtlicher Strenge jegliche Einflufsnahme des Regenten auf die Entscheidung der Rechtsstreitigkeiten auszuschliefsen gesucht.

Die Frage der Zulässigkeit der Kabinettsjustiz hatte

---

[1] So z. B. Schrodt in seinem Systema jur. publ. univ. 1780; vergl. Dock a. a. O. S. 76.

allerdings für seine Zeit eine ganz besondere Bedeutung. War man einerseits infolge der fortschreitenden politischen Entwicklung mehr und mehr zu der Erkenntnis gelangt, dafs die Entscheidung über die dem einzelnen gegenüber der allgemeinen Rechtsordnung zustehende Berechtigung in die Hände eines unparteiischen, nur nach Recht und Gesetz urteilenden Organs (vergl. § 300 VII) gelegt werden müsse und nicht dem unter Umständen nach Laune oder jeweils sich geltend machenden besonderen Einflüssen urteilenden Souverän anvertraut werden dürfe, so waltete andererseits gerade zu Gönners Zeiten bei dem in den einzelnen Territorien herrschenden Absolutismus das Streben vor, direkt in die Rechtsprechung einzugreifen. Daher „die vielen Erkenntnisse der beyden höchsten Reichsgerichte", „worin alle Einflüsse des Kabinets in Justizsachen verbothen und die Kabinetsinstanzen mit den schärfsten Ahndungen verfolgt werden" (Handb. Bd. I S. 1, 2), darum auch die ausführliche Darstellung, die Gönner dem „Einflufs des Regenten auf Justizsachen" (§ 306) widmet.

Im Reiche verband schon die Wahlkapitulation den Kaiser, „der Justiz ihren stracken Lauf zu lassen" und „allen Hof- und Ministerialeinflufs fern zu halten."

Für die Territorialstaaten ergab sich nach Gönner aus dem allgemeinen, in den Reichsgrundgesetzen ausgesprochenen Satze, dafs jeder bei seinen ordentlichen Gerichten zu belassen sei, „das Unerlaubte der Cabinetsjustiz" (§ 306 I). Allein es soll damit, wie er meint, und er sucht dabei nach Möglichkeit zwischen den beiden Extremen zu vermitteln, auch nicht einem Despotismus der Dicasterien das Wort geredet werden, der den Regenten zur Maschine seiner Gerichtshöfe zu machen geeignet wäre. Zunächst steht es für ihn nach seinen bereits an anderer Stelle dargelegten Anschauungen fest, dafs der Regent auch gegenüber dem „wohlerworbenen" Rechte der Individuen auf Entscheidung ihrer Steitigkeiten durch das Gericht das jus eminens geltend zu machen berechtigt sei, dafs es ihm also unbenommen sei, wenn das allgemeine Wohl es erheische, für den Fall der Staatsnot dem Individuum dieses Recht zu entziehen (Handb. Bd. I. S. 8) — eine Anschauung, der beispielsweise auch Leist in seinem deutschen Staatsrecht § 137 unter Bezugnahme auf Gönners Ausführungen beipflichtet. Sodann aber darf nach ihm das Verbot der Kabinettsjustiz nur in dem Sinne verstanden werden, dafs es dem Landesherrn nicht verstattet sei, sein Kabinett in einen Gerichtshof zu verwandeln; die Hoheitsrechte in Justizsachen und über seine Gerichte müfsten ihm ungeschmälert bleiben. So müsse neben anderen Befugnissen ihm insbesondere das Recht zugestanden werden, gegenüber den Entscheidungsgründen seiner Gerichte seine Bedenklichkeiten zu äufsern, woraus dann auch „der Rekurs an den Landesherrn als aufserordentliches Mittel gegen bevorstehende richterliche Verletzungen sich bildet.“ (§ 306 IV.) — Es leitet sich dieses Recht, das auch der in Kaiser und Reich auf der allgemeinen Reichsversammlung vereinigten Reichsgewalt gegenüber den beiden Reichsgerichten zusteht (§ 306 V), wie er an anderer Stelle (§ 316 III, 2; Handb. Bd. I S. 25, 26) ausführt, aus dem der obersten Gewalt zustehenden Oberaufsichtsrechte und der Befugnis derselben ab, jeden Mifsbrauch der anvertrauten Gewalt abzustellen.

Da übrigens hier dann der Reichstag unter Abwägung der vorliegenden rechtlichen Gründe in der Sache selbst eine Entscheidung trifft, so erscheint, wie Gönner ausdrücklich hervorhebt, nicht blofs theoretisch, sondern tatsächlich die oberste Gewalt hier als oberster Richter (vergl. Handb. Bd. I S. 45 u. § 316 Anm. t.).

Nicht so jedoch der Landesherr, „denn dem Landesherrn ist die Fähigkeit, über eine Rechtsstreitigkeit ein Urteil zu fällen, gesetzmäfsig abgesprochen, seine Entschliefsung darf keine Subsumtion des Faktums unter das Gesetz, keine Entscheidung seyn“ (a. a. O.).

Die souveräne, die höchste Gewalt läfst begrifflich eine Unterordnung nicht zu, der Souverän ist deshalb ebensowenig wie den Gesetzen, einem Richter unterworfen; das Gegenteil würde, wie Gönner es ausdrückt (Handb. Bd. II S. 24) dem Begriffe der Staatsgewalt widerstreiten, da ja die Gerichte „sonst über ihm (dem Souverän), also der eigentliche Herrscher wären".

Es gilt demnach auch für ihn der schon seit Bodin im allgemeinen Staatsrechte herrschende Satz, dafs der Regent unter seinen Gerichten nicht stehe (§ 303 II). Die Darstellung des positiven Rechtes zeigt, dafs diese Forderung des rationellen Staatsrechts im teutschen Staatsrechte berücksichtigt ist, es ergibt sich auch hier „eine seltene Übereinstimmung des Gesetzlichen mit dem Rechtlichen".

Die Reichsgewalt erkennt einen Richter über sich nicht an (Handb. II S. 39. 40) und es kann um deswillen gegen das Reich als einen Staat bei keinem Gerichte geklagt werden (§ 303 II). Aber auch gegen den Landesherrn kann über wahre Regentenhandlungen eine Klage bei den Landesgerichten nicht erhoben werden (§ 303 II 2). „Wenn der Regent die Konstitution verletzt, wenn der Unterthan nicht nach dem Gesetze behandelt wird, so geschieht ihm Unrecht, aber die richterliche Gewalt im Staate kann nicht wirken, denn die Regierung kann sich selbst den Gerichten im Lande nicht unterwerfen", „verletzte Rechte aus der Staatsverfassung" können also vor den Gerichten nicht verfolgt werden! (Handb. Bd. II S. 23. 24.)

Dafs nach positivem Rechte die richterliche Gewalt im Reiche auch über Rechtsverletzungen sich erstrecken kann, welche durch die landesherrliche Gewalt entstehen, alteriert nach ihm den eben erörterten allgemeinen Grundsatz in keiner Weise. Schon in seinem Handbuch d. d. gem. Proz. Bd. II S. 33 hatte er mit Rücksicht hierauf einfach erklärt, der Satz könne nur da Geltung haben, wo die Staatsgewalt keinen Obern über sich anerkenne; wenn also wie in Deutschland subordinierte Staaten vorhanden seien, so sei in denselben die Staatsgewalt eben auch der Justizgewalt des übergeordneten Staates auch in Rücksicht der Regierungsrechte unterworfen und so sei es auch wohl verständlich, wenn die kaiserliche Wahlkapitulation den Grundsatz erkenne, dafs auch Hoheitsrechte ein Objekt gerichtlicher Verhandlungen in Deutschland sein können. In seinem Teutschen Staatsrecht aber hat Gönner (§ 303 II. IV) aus den gleichen Erwägungen ganz richtig und zutreffend den allgemeinen Grundsatz dahin formuliert, dafs die Herrschergewalt nur ihren Gerichten nicht unterworfen sein könne.

Es widerstreitet demnach die durch den obersten Grundsatz des deutschen Staatsrechts, die Staatseinheit (§ 88), bedingte Unterwerfung der landesherrlichen Gewalt unter die Justizgewalt des Reiches, dem Grundsatze des allgemeinen Staatsrechts in keiner Weise (§ 303 IV).

§ 15. e. Die Polizeigewalt.

Auch die Polizeigewalt ist Ausflufs der obersten, der höchsten Gewalt. Sie ist um deswillen enthalten wie in der Reichshoheit (§ 329), so auch ihrem ganzen Umfange nach in der Landeshoheit (§ 330). Dabei gilt jedoch natürlich auch hier infolge des Fundamentalsatzes von der Einheit des Reiches, dafs die Landeshoheit der Reichsgewalt subordiniert bleibt und die sich hieraus für die landesherrliche Polizeigewalt ergebenden Folgen (§ 331) sprechen aus den wiederholt ausgeführten Gründen ebensowenig gegen die Auffassung der Landeshoheit als oberster Gewalt im Sinne des allgemeinen Staatsrechts wie die Einschränkungen derselben in Gesetzgebung und Rechtsprechung.

„Der alte Streit um den Begriff der Polizei“ ward gerade zu Gönners Zeiten, zu Ende des 18. und zu Beginn des 19. Jahrhunderts, seit Pütter und späterhin ihm folgend v. Berg mit der bis dahin herrschenden Auffassung gebrochen hatten und teilweise neue Wege gegangen waren, mit besonderer Lebhaftigkeit geführt.

Die Stellungnahme Gönners in diesem Streite erscheint unter diesen Umständen von besonderem Interesse und es mag um deswillen eine kurze Erörterung seines Polizeibegriffes hier Platz finden.

Eine klare und bestimmte Definition der Polizei gibt Gönner nirgends.

Die vielfachen, vor ihm gemachten vergeblichen Versuche, eine richtige und zutreffende Definition aufzustellen, konnten hier ermutigend nicht wirken. Hatte so z. B. v. Berg in seinem berühmten, wie wir ersehen werden auch Gönners Anschauungen beeinflussenden „Handbuch des teutschen Polizeirechts“ (1799—1804) die 24 verschiedenen Definitionen, die er in der Literatur seiner Zeit vorgefunden, als sämtlich ungenügend hingestellt, so ward die von ihm aufgestellte Begriffsbestimmung, noch ehe er sein Werk vollendet, von v. Drais in einer in den Blättern für Polizei und Kultur 1803 erschienenen Abhandlung: „Wiefern läſst sich die Polizei definieren?“, die auch Gönner verschiedentlich angezogen, unter allgemeiner Zustimmung[1] als gleichfalls unzutreffend und keineswegs erschöpfend dargetan worden. Daſs die von ihm gewonnene Begriffsbestimmung aber als vollständig und absolut genügend angesehen werden könne, glaubt auch v. Drais selbst nicht annehmen zu dürfen (man vgl. seine Vorerinnerung), und tatsächlich fand sie denn auch schon bald ihre Kritiker, die auch ihre Ungenügendheit darzutun sich bemühten[2].

So kann es nicht verwunderlich erscheinen, wenn Gönner es vermieden, eine bestimmte, scharf umrissene Definition zu geben, wenn er vielmehr den Begriff negativ in der Weise festzustellen sucht, daſs er dartut, was Polizei nicht ist, indem er hierbei die der Polizeigewalt verwandten Hoheitsrechte von dieser scharf zu scheiden versucht.

Daſs Polizei und Finanzverwaltung als zwei verschiedene staatliche Hoheitsrechte auseinanderzuhalten seien, bedarf

---

[1] Vergl. hierzu auch Gönner, T.St.R. § 328 A. z.

[2] Man vergl. z. B. Butte, Versuch der Begründung eines endlichen und durchaus neuen Systems der Polizeywissenschaft (1807). S. 16, 22 ff.

für ihn wie überhaupt für seine Zeit (man vgl. beispielsweise Drais a. a. O. S. 589) einer besonderen, ausführlicheren Begründung nicht. Diese Scheidung hatte sich längst, bereits zu Ende des 17. Jahrhunderts, mit der Bildung einer besonderen Finanzkameralverwaltung vollzogen und zunächst die Fassung des Begriffs „Polizei“ als gleichbedeutend mit innerer Verwaltung zur Folge gehabt.

Der so modifizierte und eingeschränkte Begriff hatte nun im Laufe des 18. Jahrh. eine begriffliche Zweiteilung in Sicherheits- und Wohlfahrtspolizei erfahren. Die Ursachen und Gründe für diese Erscheinung darzulegen, erscheint hier nicht geboten. Hervorgehoben mag nur werden, dafs diese Zweiteilung in der Wissenschaft bis gegen Ende des 18. Jahrh. herrschend geblieben war, und die Subsumtion der Wohlfahrtspflege unter den Polizeibegriff auch noch weiterhin, insbesondere auch noch zu Gönners Zeiten in der Praxis vielfach festgehalten wurde.

Gönner hat, wie wir sehen werden, allerdings nicht als erster mit dieser Auffassung gebrochen.

„Die Polizei hat es immer nur mit Sicherheit zu thun, Erhöhung des Wohlstandes liegt aufser ihrem direkten Zweck,“ so schreibt er in seinem T.St.R. § 328. Die Polizeigewalt mufs demnach von der allerdings gleichfalls dem Staate obliegenden Wohlfahrtspflege, die aber ein eigenes Hoheitsrecht desselben ausmacht (§§ 275 IX, 363 ff.), wohl geschieden werden, — die Teilung in Sicherheits- und Wohlfahrtspolizei ist zu verwerfen.

Dies ist der Grundgedanke seiner gesamten Ausführungen über Polizei, und es ist ihm zweifellos gelungen, denselben in der Durchführung im grofsen und ganzen festzuhalten und in dieser Beschränkung so zu einem klaren und zutreffenderen Begriff von der Polizei zu gelangen.

Für die Wissenschaft seiner Zeit war nun, wie bereits angedeutet, diese Begriffsbegrenzung allerdings nicht völlig neu. Pütter war der erste gewesen, der in seiner bekannten in Inst. jur. publ. germ. c. III § 331 enthaltenen Definition die Polizei als die cura avertendi mala futura in statu reipublicae interno in commune metuenda bezeichnet und darauf hingewiesen hatte, daſs die promovendae salutis cura für die Regel eine Aufgabe, einen Teil der Polizei nicht bilde, vielmehr eine besondere Verwaltungstätigkeit des Staates ausmache. Allein das so gewonnene Resultat ward von ihm selbst durch die diesem letzten Satze allsogleich angefügte Bemerkung: nisi quatenus ea mente agitur, ut tanto lautior sit status isti malo, quod metuebatur, directe oppositus wesentlich modifiziert. Der Grundgedanke war demnach von Pütter zwar richtig erfaſst und auch ausgesprochen, allein er ward von ihm nicht mit der nötigen Schärfe durchgeführt[1], entbehrte um deswillen zunächst eines unmittelbaren und weitergehenderen Einflusses auf die Wissenschaft der damaligen Zeit. Erst v. Berg, der mit prägnanterer Schärfe diesen Gedanken Pütters durchgeführt, war es vorbehalten, denselben in der Wissenschaft zu allgemeinerer Geltung zu bringen. Allerdings hat auch er, für den die Polizei im allgemeinen in der „Sorgfalt der höchsten Gewalt, künftige gemeinschädliche Übel im Innern des Staates zu verhüten und abzuwenden“ besteht, daneben noch als freilich nur untergeordneten Zweck der Polizei die allgemeine Wohlfahrt, die Zufriedenheit und Glückseligkeit und deren Förderung als besondere Aufgabe der Polizei bezeichnet[2].

So war also zwar die Grundidee Gönners schon früher ausgesprochen worden, daſs er sie aber frei von den einschränkenden Zusätzen, mit denen Pütter und v. Berg sie vorgetragen hatten, aufgenommen und als erster praktisch verwertet hat, indem er sie in seinem Teutschen Staats-

[1] So dürfte auch zu erklären sein, warum z. B. Funke in seiner Abhandlung „Über die Auffassung des Begriffes der Polizei im vorigen Jahrhundert“ (1863) Pütter noch ganz den Anhängern der Anschauung zurechnet, daſs der Polizei auch die direkte Förderung der zeitlichen Glückseligkeit der Untertanen obliege. (Zeitschr. f. d. ges. St.W. Bd. XIX. S. 506.)

[2] Funke a. a. O. S. 513.

rechte der Teilung und Gliederung der staatlichen Hoheitsrechte zugrunde legte, darin liegt sein besonderes Verdienst, das um so höher angeschlagen werden muſs, als die Mehrzahl der übrigen Staatsrechtslehrer seiner Zeit, insbesondere sein berühmter Göttinger Kollege und Rivale Leist[1], noch bei den alten Anschauungen stehen geblieben war.

Wenn nun auch nach ihm die Polizei es immer nur mit Sicherheit zu tun hat, so geht er doch nicht soweit, überhaupt jegliche Einfluſsnahme der Polizeigewalt auf „Erhöhung des Wohlstandes“ als durchaus unmöglich und unzulässig hinzustellen. Die Wohlfahrtsförderung liegt eben nach ihm nur auſser dem direkten Zwecke der Polizei. Angesichts der Tatsache, daſs eine Reihe von der Polizei geschaffener und auch von der Theorie befürworteter Einrichtungen und Anstalten neben ihrem primären Zweck der Gewährung von Sicherheit und der Abwendung von Gefahren auch wohlfahrtsfördernd zu wirken geeignet sind, z. B. Anstalten gegen Feuersgefahr u. s. w. (vgl. Anm. zu § 330), erscheint dieses Zugeständnis, das den von Pütter und v. Berg hervorgehobenen Einschränkungen in etwas nahe kommt, wohl verständlich. Allein es liegt das nach Gönners ausdrücklicher Erklärung prinzipiell auſserhalb des Zweckes und der Aufgabe der Polizei und ist eben nur eine nebenzu eintretende Folge ihrer der Gewährung von Sicherheit gewidmeten Tätigkeit.

[1] So definiert beispielsweise Leist in seinem 1803 erschienenen „T. Staatsrecht“ unter Berufung auf Pütter u. v. Berg (!) die Polizei als den Inbegriff derjenigen Rechte der Staatsgewalt, welche teils auf die Verhütung u. Abwendung künftiger gemeinschädlicher Übel im Innern des Staates, teils selbst auf Verbesserung des Zustandes der Untertanen Beziehung haben (§ 152) u. spricht dann auch in einem gegenüber den übrigen Hoheitsrechten auſsergewöhnlich groſsen Abschnitte über die Polizeigewalt von öffentlicher Sicherheitspolizei, von Bevölkerungs-, Vormundschafts-, Unterrichts-, Stadt- u. Handwerks-, Handlungspolizei etc. Er bekennt sich also noch ganz zu der Auffassung, daſs die Polizei auch die unmittelbare Förderung der Wohlfahrtsinteressen der Untertanen zum Zwecke habe.

Im übrigen unterscheidet sich Gönners Auffassung auch in einigen anderen Punkten von denen seiner Vorgänger.

Zunächst hat er die Pütter-Bergsche Auffassung, insoweit dieselbe der Polizei nur die Aufgabe der Abwehr von „zukünftigen“ Gefahren zuwies, aufgegeben, denn er vindiziert derselben lediglich schlechthin den Beruf: „aus gemeingiltigen Gründen etwas gemeinschädliches zu beseitigen“ (§ 275 V). Die überzeugenden Darlegungen von v. Drais a. a. O. S. 580 Berg gegenüber, auf die Gönner auch selbst verwiesen (Anm. z. zu § 328), mögen diese Abweichung Gönners beeinflufst haben.

Während aufserdem Pütter dem Staate, insoweit demselben die cura promovendae salutis zusteht, wenigstens im Prinzip eine Zwangsgewalt zugesteht, die, wie er sagt, allerdings für die Regel nicht angewendet wird, erblickt Gönner gerade darin das wesentlichste Unterscheidungsmerkmal zwischen Polizei und Wohlfahrtspflege, dafs bei Ausübung des letzteren Hoheitsrechtes dem Staate eine Zwangsgewalt nicht zusteht (§§ 363 X, 275 IX), eine notwendige Folge der aufgeklärteren Ideen seiner Zeit, die, politisch beeinflufst durch die Ereignisse der grofsen Revolution und wissenschaftlich gestützt vor allem durch die naturrechtlichen Lehren Kants, das individualistische Prinzip, das an sich ja überhaupt jeglicher Einflufsnahme der Staatsgewalt widerstritt, insbesondere auf diesem Gebiete den im Polizeistaate vorwaltenden bevormundenden Bestrebungen gegenüber vertraten. Hierzu tritt aber noch als besonderes Moment, dafs auch in den wirtschaftspolitischen Anschauungen jener Zeit eine vollständige Wandlung sich vollzog, indem man den seit mehr denn einem halben Jahrhundert herrschend gewesenen Merkantilismus zu verlassen und den freieren, die möglichst ungehinderte Bewegungsfreiheit der Individuen auf wirtschaftlichem Gebiete fordernden physiokratischen Ideen und weiterhin dann dem Smithianismus sich zuzuwenden begann. Gerade hierin liegt aber zugleich das wichtigste Moment zur Erklärung für die allmählich in der

Wissenschaft sich entwickelnde Erkenntnis von der Notwendigkeit der Scheidung zwischen Polizei und Wohlfahrtspflege des Staates, für die so herbeigeführte Beschränkung der Polizeigewalt auf die Abwehr der dem Gemeinwohl drohenden Gefahren und die Schaffung einer eigenen, speziellen, jeder Zwangsbefugnis entbehrenden Staatsfunktion der Wohlfahrtspflege. Es ist sicherlich kein Zufall, dafs gerade derjenige Schriftsteller, der zuerst diese Scheidung in dem gröfseren Rahmen der Darstellung sämtlicher dem Staate überhaupt zufallenden Aufgaben und der denselben entsprechenden hoheitlichen Befugnisse desselben praktisch durchgeführt und in überraschend klarer und schöner Weise verwertet hat, Gönner, an die Spitze seiner Ausführungen über die dem Wohlfahrtszweck dienende Staatswirtschaftsgewalt (§ 363) eine Bemerkung über den bedeutenden Einflufs, den die Lehre Adam Smiths auf die Wissenschaft seiner Zeit geübt, stellen zu müssen glaubte.

Neben der im vorstehenden ausgeführten Trennung der Wohlfahrtspflege von der Polizeigewalt hat Gönner in seinen Ausführungen insbesondere die begriffliche Scheidung der polizeilichen von der richterlichen Gewalt eingehend erörtert.

Schon in dem 1801 erschienenen 2. Bande seines Handbuchs des deutschen gemeinen Prozesses hatte er sich mit der Frage befafst, „welche Gegenstände zu den Justiz- und Polizeysachen zu rechnen seyen“ und hierbei insbesondere auch die hierüber zu seiner Zeit vorgetragenen Anschauungen einer eingehenderen Würdigung und Kritik unterzogen. Allerdings bezweckte diese ganze Ausführung zuvörderst die genaue Umgrenzung des Begriffes „Justizsachen“, denen er zu diesem Behufe, wie er meint, in richtigerer Weise nicht die Polizeisachen allein, wie es bislang Usus gewesen sei, sondern alle „Nichtjustizsachen“ gegenüberstellt, allein er hat mit Rücksicht auf den bisher herrschenden Gebrauch und auf die Tatsache, dafs „die Rechtslehrer ängstlich um die Zergliederung der unterscheidenden Merkmale zwischen Justiz- und Polizeysachen bemüht gewesen seien" (S. 79), auch dieser Trennung eine etwas eingehendere Darstellung gewidmet. Er führt an dieser Stelle (S. 80 f.) aus, dafs Justiz- und Polizeisachen sich scheiden einmal nach ihrem Zweck, dann nach den bei denselben in Frage kommenden Subjekten, nach den hierbei in Anwendung kommenden Mitteln, wie in den Handlungen, wodurch sie erledigt werden.

Während nämlich bei Polizeisachen nur das allgemeine Interesse, das Gemeinwohl in Frage stehe, handle es sich bei Justizsachen nur um die Entscheidung eines zwischen Parteien streitigen Rechtsverhältnisses und während es hierbei um deswillen stets der ausdrücklichen Inanspruchnahme der Hilfe des Richters durch die Parteien bedarf, handelt in Polizeisachen der Staat wegen des für ihn bestehenden unmittelbaren Interesses auch unaufgefordert und trifft dabei seine Mafsregeln nur von dem höheren Gesichtspunkte des Gemeinwohles aus; der Richter dagegen in seinem Urteile hat nur nach den Gründen, die für das streitige Rechtsverhältnis gültig sind, seine Entscheidung zu treffen. Und dieser Verschiedenheit in den zur Anwendung kommenden Mitteln entspricht auch eine Verschiedenheit in der Art der Erledigung der beiden Sachen. Während nämlich die Justizsachen im Wege des gerichtlichen Verfahrens zu behandeln sind, ist das Verfahren in Polizeisachen frei und ungebunden und regelt sich nur nach dem, was jeweils Zeit, Ort und Umstände erheischen. Nebst alledem unterscheiden sich aber Justiz- und Polizeisachen vor allem in den Staatsgewalten, als dem Grunde des Einflusses, den der Staat auf einen Gegenstand hat. Hier legt er dann allerdings noch die von ihm später in seinem Teutschen Staatsrecht nicht mehr aufrecht erhaltene Gliederung der Staatsgewalt in gesetzgebende, richterliche und vollziehende Gewalt zugrunde und erklärt [1], dafs während bei Justizsachen immer nur die richterliche Gewalt

---

[1] Im Anschlufs an v. Berg I. Bd. S. 132.

tätig werde, in Polizeisachen bald die legislative Gewalt in Aufstellung allgemeiner Normen, bald die vollziehende in Subsumtion konkreter Polizeifälle unter diese Normen tätig sei.

Das Resultat dieser seiner Untersuchungen hat er in Kürze auch in seinem Teutschen Staatsrecht zusammengefafst. Gemeinsam haben die beiden Gewalten nach ihm die Gewährung von Sicherheit. Der Unterschied zwischen ihnen ist aber darin zu finden, dafs die richterliche Gewalt nur das Rechtsgesetz in konkreten Fällen realisiere und hierbei nur auf ausdrückliche Inanspruchnahme seitens der streitenden Parteien tätig werde, während dagegen die Polizeigewalt „die Sicherheit des Ganzen in der Sicherheit aller Individuen zu erhalten sucht“ und um deswillen „nur aus solchen Rücksichten, welche auf das Allgemeine wirken, abgesehen von allen individuellen Rechtsverhältnissen und auch unaufgefordert thätig ist.“ (§§ 275 V, 328.)

So scheidet sich also die Polizeigewalt von der Finanzgewalt, dem Wohlfahrtsfache und der Justizhoheit.

Was nun den Inhalt der Polizeigewalt anlangt, so begreift dieselbe in sich (§ 328) neben dem Rechte der Aufsicht über Polizeigegenstände vor allem das Recht der Erlassung von „Lokalanordnungen“ nach Mafsgabe der bestehenden allgemeinen Normen.

Gönner scheidet also, wie hieraus zu entnehmen, scharf zwischen dem Gesetzgebungsrecht in Polizeisachen, das die Schaffung allgemeiner Normen zum Gegenstande hat und einem besonderen Verordnungsrecht der Polizei, das innerhalb des Rahmens und der Grenzen der durch die Gesetzgebung geschaffenen allgemeinen Normen durch Spezialvorschriften individuellen Verhältnissen und „konkreten Einzelfällen“ zu genügen und Rechnung zu tragen bestimmt ist. Als notwendige Folge dieses Verordnungsrechtes ergibt sich für die Polizei die Befugnis und das Recht der Vollziehung ihrer Anordnungen, der Polizeiverfügungen. Gönner weist hier darauf hin, dafs es irreführend sei, in diesem

Zusammenhang von einer eigenen Polizeigerichtsbarkeit zu sprechen, und dies gibt ihm zugleich Veranlassung, überhaupt sich gegen die Identifizierung der Begriffe Polizeirecht und Polizeiwissenschaft zu wenden, wie sie sich bei Pütter und auch v. Berg (vgl. Bd. IV S. 1 ff.) findet. Er weist darauf hin, dafs es im Grunde ein Polizeirecht als besondere Wissenschaft oder besonderen Rechtsteil überhaupt nicht gebe, dasselbe vielmehr lediglich einen Teil des öffentlichen bezw. des Civilrechts bilde und dafs deshalb auch niemals die Polizeiwissenschaft identisch mit „Polizeirecht“ gefafst werden könne. Er bringt damit den zweifellos richtigen und für seine Zeit sicherlich neuen Gedanken zum Ausdruck, dafs in den aus der polizeilichen Tätigkeit des Staates sich ergebenden Rechten und Verbindlichkeiten, also überhaupt in der rechtlichen Seite dieser Tätigkeit das Wesen der Polizei nicht erblickt werden dürfe und deshalb auch eine Darstellung der Wissenschaft von der polizeilichen Gewalt niemals in der Darlegung der durch dieselbe geschaffenen bezw. mit derselben zusammenhängenden Rechtsbeziehungen und Rechtsverhältnisse bestehen könne[1].

Die Richtung der Tätigkeit der Polizei ist nach der von Gönner (§ 275 V) aufgestellten Einteilung eine fünffache. Die Polizeigewalt betätigt sich einmal in der Sorge für die Sicherheit des Staates, also der Allgemeinheit schlechthin, dann aber auch für die Sicherheit der einzelnen Staatsangehörigen, und zwar ihres Lebens, ihrer Ehre, ihres Eigentums und der „Moralität“. Unter diese fünf Hauptgruppen von Objekten, deren Sicherung der Polizeigewalt obliegt, die allerdings etwas willkürlich aufgestellt erscheinen, begreift er nun eine grofse Anzahl detaillierter Aufgaben, die der Staatsgewalt im Innern des Staates obliegen und deren nähere Betrachtung ergibt, dafs die Polizeigewalt bei Lösung derselben in der verschiedensten Weise, durch Übung von Aufsicht, durch direkte Beseitigung schädlicher Zustände

[1] Vergl. hierher Mohl, Polizeiwissenschaft S. 6 A. 2.

und durch Abwendung bevorstehender Übel tätig wird (vgl. § 275 V, auch §§ 333—338).

Wenn man nun die Anschauungen Gönners über das Wesen der Polizei nach den Anhaltspunkten, die die vorstehenden Ausführungen geben, kurz, unter Hervorhebung der Hauptmomente zusammenfassen will, so wird man etwa zu folgendem Resultate gelangen:

Polizei ist die von dem Gesichtspunkte der Wahrung der allgemeinen Interessen geleitete und deshalb unaufgefordert tätig werdende, mit Zwangsbefugnissen ausgestattete Staatsgewalt, welche die Beseitigung und Abwendung bestehender oder zukünftiger gemeinschädlicher Übel im Innern des Staates, also die „Sicherheit" des Ganzen, niemals aber direkte positive Wohlfahrtsförderung zum Zwecke hat.

§ 16. f. Die vollziehende Gewalt.

Den Begriff der „vollziehenden Gewalt" faſst Gönner in dem engen Sinne von Zwangsgewalt, die dazu bestimmt erscheint, „in allen Teilen des Staates Ordnung und Gesetze aufrecht zu halten" (§§ 339. 344). Er begründet die Notwendigkeit und innere Berechtigung und damit den hoheitlichen Charakter dieses Rechts mit dem Hinweise, daſs die Menschen, weil deren Sinnlichkeit dem Gesetze widerstreite, zur Befolgung der Gesetze zwangsweise durch die im Herrscher konzentrierten Kräfte des Staates angehalten werden müſsten, damit nicht ihre Sinnlichkeit über das Gesetz herrsche, vielmehr die Vernunft durch den Staat zur Herrschaft gebracht werde (§ 275 VI).

Diese enge Auffassung der vollziehenden Gewalt als der dem Staate zustehenden physischen Zwangsgewalt zur Aufrechterhaltung von Ordnung und Gesetz hatte vor Gönner nur Häberlin in seinem Handbuch des deutschen Staatsrechts 1797 [1] vertreten; daſs dieselbe übrigens bei Gönner originärer Natur ist, kann einem Zweifel nicht unterliegen;

---

[1] Bd. VI c. 6.

wie er zu derselben gekommen, ist unschwer zu erkennen. Dafs er in an anderer Stelle insbesondere §§ 297 ff. gegebenen Ausführungen im allgemeinen dem modernen Begriff der vollziehenden Gewalt ziemlich nahegekommen, haben wir bereits früher bei Darstellung der anordnenden Gewalt betont und dabei zugleich die Gründe hervorzuheben gesucht, warum er zu weiteren Resultaten hier nicht kommen konnte. War es ihm so nicht möglich, zur Erkenntnis des eigentlichen Wesens der vollziehenden Gewalt zu gelangen, zerteilte er andererseits bei Darstellung der Funktionen der Staatsgewalt den weiten Begriff der vollziehenden Gewalt, wie ihn die lange Zeit herrschende, insbesondere auch noch von Kant vertretene und früher (vgl. z. B. Handb. des d. gem. Pr. Bd. II S. 81) auch von ihm acceptierte Dreiteilung der Staatsgewalt in Gesetzgebung, Rechtsprechung und Vollziehung bedang, und erhob er dabei verschiedene, früher unter dieselben subsumierte Rechte zu eigenen Hoheitsrechten, die er der vollziehenden Gewalt gleichstellte, so konnte er schliefslich zu keinem anderen Ergebnisse als der Fassung der vollziehenden Gewalt in dem engen Sinne von „zwingender", von Zwangsgewalt kommen. Dabei darf überdies nicht übersehen werden, dafs ihm hier die mit der Darstellung des positiven Rechts verbundene Betrachtung der Art und des Umfangs der vollziehenden Tätigkeit der Staatsgewalt insofern zu Hülfe kam, als gerade im Reiche der Zwangscharakter der vollziehenden Gewalt in besonders markanter Weise hervortrat. (Man vergleiche seine positiven Darlegungen in §§ 340. 341. 342.)

Wenn man nun so seine Auffassung und das Werden derselben wohl zu erklären vermag, so lassen sich doch, nach seiner eigenen Darstellung schon, will man also auch nicht den Mafsstab der modernen Wissenschaft anlegen, Bedenken gegen die Zutreffendheit derselben geltend machen. Insbesondere läfst sich nicht verkennen, dafs die vollziehende Gewalt als eigenes Hoheitsrecht auch in dieser engen Beschränkung als Zwangsgewalt nicht vollständig und unbedingt von den übrigen Hoheitsrechten sich scheiden liefs. Insoweit beispielsweise nach seiner Auffassung die vollziehende Gewalt die Aufrechterhaltung der Ordnung zum Zweck hat, läuft sie zweifellos parallel mit der „Polizeigewalt“ (vgl. oben); nun war aber nach Gönner auch aus diesem Hoheitsrecht ein eigenes Recht der Vollziehung aller zu dem genannten Zwecke notwendig gewordenen Polizeiverfügungen abzuleiten und es mufste damit auch die zu diesem Behufe notwendige Zwangsgewalt, die das charakteristische Merkmal des spezifischen Hoheitsrechts der vollziehenden Gewalt bilden soll, der Polizei zugesprochen werden (§ 328 Z. 4. Vgl. hierher auch das Hoheitsrecht der oberaufsehenden Gewalt § 284).

Als Ausflufs der obersten Gewalt (§ 339) ist die vollziehende Gewalt enthalten einmal in der Reichshoheit (§ 340). Hier im Reiche steht das Exekutions**recht** für die Regel dem Kaiser ohne Konkurrenz der Reichsstände zu. Die unmittelbare Ausübung der exekutiven Gewalt, die dann allerdings nur auctoritate caesarea geschieht, ist jedoch in der Regel besonderen Organen übertragen (cfr. §§ 340 I. II. VII—IX, 341). Aber auch in der landesherrlichen Gewalt als höchster Gewalt liegt „der ganze Umfang aller die Exekutionsgewalt umschliefsenden Rechte.“ Es kann deshalb auch, falls einem Mittelbaren ein Vollziehungsrecht zustehen sollte, dasselbe den Grund seines rechtlichen Bestandes nur in einer Übertragung seitens des Landesherrn, des Souveräns, finden (§ 343 I. II).

§ 17. g. Die Strafgewalt.

Als weiteres Hoheitsrecht führt Gönner auf die Strafgewalt.

Er scheidet dieselbe in einfache Strafgewalt und in Kriminalgewalt, welch' letztere dann gegeben erscheint, „wenn die Strafen bis zur gänzlichen oder temporären Vernichtung der bürgerlichen Existenz des Verbrechers bei den diesen Strafen angemessenen unerlaubten Handlungen emporsteigen“ (§§ 344 VII, 275 VII).

Bei Darstellung des Wesens der Strafgewalt bezeichnet Gönner dieselbe als die notwendige Ergänzung, als das Surrogat der vollziehenden Gewalt, die dann einzutreten habe, wenn der durch die vollziehende Gewalt geübte physische Zwang nicht mehr hinreichend sei zur Bekämpfung der dem Gesetze widerstreitenden menschlichen Sinnlichkeit. Die Strafe bedeute ein psychologisches Zwangsmoment, insofern sie wirke durch die Androhung eines auf die Gesetzesübertretung folgenden Übels (§§ 344, 275 VII).

Gönner steht hier mit seiner Strafrechtstheorie ganz unter Feuerbachschem Einflusse. Bis zu Beginn des 19. Jahrhunderts hatte im Strafrecht die Idee der Vergeltung unbestritten geherrscht und Kant noch hatte ihr die denkbar schärfste Formulierung gegeben. Er bezeichnet in seinen „Metaphysische Aufangsgründe der Rechtslehre“ (1798) das Strafrecht als „das Recht des Befehlshabers gegen den Unterwürfigen, ihn wegen seines Verbrechens mit einem Schmerz zu belegen“ und sagt weiterhin, die richterliche Strafe könne „niemals blofs als Mittel, ein anderes Gut zu befördern, für den Verbrecher selbst, oder für die bürgerliche Gesellschaft, sondern mufs jederzeit darum wider ihn verhängt werden, weil er verbrochen hat; denn der Mensch kann nie blofs als Mittel zu den Absichten eines Andern gehandhabt und unter die Gegenstände des Sachenrechts gemengt werden, wowider ihn seine angebohrne Persönlichkeit schützt . . . . .“ Diesen Anschauungen gegenüber hatte nun Feuerbach in Konstruktion einer besonderen Theorie des psychischen und psychologischen Zwanges dem Gedanken von dem abschreckenden Zwecke der Strafe in glänzender Form Ausdruck verliehen. Nur in der Abschreckung aller möglicher Beleidiger des Gesetzes dürfe der Zweck der im Gesetze enthaltenen Strafandrohung erblickt werden und wenn dann die Staatsgewalt im Einzelfalle die angedrohte Strafe wirklich zufüge, so geschehe das lediglich zur Begründung der Wirksamkeit der gesetzlichen Drohung, da andernfalls ja die Drohung leer und unwirksam sein würde.

So auch Gönner! Er bezeichnet selbst die Feuerbachsche Theorie als die richtigste unter allen bisherigen Theorien des Strafrechts und ihr folgend erklärt auch er, wie bereits hervorgehoben, als Zweck der Strafe die Abschreckung und fügt hinzu, dafs um deswillen die Androhung ihrer Zufügung vorausgehen müsse, die Zufügung selbst aber „rechtlich“ geschehe, „da ohne sie die Androhung zwecklos sein würde“. (§ 344.)

Dafs nun dieses Recht der Androhung und Zufügung der Strafe ein Ausflufs der obersten, der höchsten Gewalt sei, bedarf für ihn keiner ausdrücklichen Betonung. Der Gedanke, dafs es dieses Recht der Strafe nur im Staate gebe und dasselbe ausschliefslich der höchsten Gewalt, dem Souverän zustehe, war in der Wissenschaft längst jeglichem ernstlichen Streite entrückt und Ideen, wie sie einst Grotius gegen die Majestätsqualität der Strafbefugnis vorgetragen und die in dem Satze von einer allgemeinen Strafgewalt der Einzelnen gipfelten, sie waren längst als unzutreffend widerlegt und auch in der Folgezeit gegenüber der allgemeinen Meinung mit Erfolg nicht wieder vertreten worden [1]. Für Gönner bildet sogar die Kriminalgewalt das höchste Recht der obersten Gewalt (Staatsrechtsdienstb. S. 63)!

Inhaltlich umfafst nun die Strafgewalt des Staates (§ 344 IV f.) neben dem Rechte der Schaffung aller zu ihrer Ausübung notwendigen Institute und Einrichtungen einmal das Recht der Androhung der Strafe, ebenso wie das Recht der Zufügung derselben, aufserdem auch insbesondere das Recht der Begnadigung.

Das Begnadigungsrecht hatte seit Bodin in den Ausführungen der Staatsrechtslehrer fast durchweg als besonderes

[1] Nur J. G. Daries hatte in seinen 1776 erschienenen Instit. jurispr. univ. einen vergeblichen Angriff auf das Souveränetätsrecht der Strafe gemacht (vergl. Dock a. a. O. S. 80 f.)

Hoheitsrecht eine eingehendere Darstellung gefunden. Mit Bodin faſste man es zumeist als unmittelbare Folge der legibus solutio des Souveräns. Allerdings glaubte man vielfach dasselbe mit den Forderungen der vergeltenden Gerechtigkeit nicht vereinbaren zu können, anderseits erschien auch vielen dieses Recht vom politischen Standpunkte aus bedenklich und so waltete denn zumeist das Streben vor, dem Herrscher in Ausübung dieses Rechtes Schranken zu setzen, die man entweder aus dem jus divinum, dem ja auch der Herrscher unterworfen war, herleitete oder aber mit den Forderungen des Staatswohles begründen zu können glaubte. Am weitesten war in dieser Beziehung zu Gönners Zeiten Kant gegangen, der zwar das Begnadigungsrecht als das einzige Recht bezeichnet, welches den Namen Majestätsrecht verdiene, dasselbe aber praktisch nahezu illusorisch machte, indem er es dem Regenten „in Ansehung der Verbrechen der Unterthanen gegeneinander" überhaupt entzog und ihm nur verstattete „bey einer Läsion, die ihm selbst widerfährt — crimen laesae maiestatis —" davon Gebrauch zu machen, aber auch hier nur dann, wenn es feststeht, daſs durch Ungestraftheit dem Volke selbst in Ansehung seiner Sicherheit keine Gefahr erwachsen könne (a. a. O.). — Daſs Gönner hier wie in anderen Punkten Kant folgen würde, erschien schon bei seinen politischen Anschauungen, die, wie sich ja verschiedentlich zeigt, mehr dem Absolutismus zuneigten, nicht wahrscheinlich; zum andern aber zeigte gerade die Darstellung des positiven Rechtes und bezw. die empirische Betrachtung die reale Bedeutung dieser Befugnis. Im allgemeinen befaſst er sich damit allerdings nur kurz. Auch ihm erscheint das Begnadigungsrecht als eigentliches Recht der souveränen Gewalt und er sagt, daſs es durch Abolition id est Niederschlagung anhängiger Untersuchungen, wie durch Adgratiation id est die eigentliche Begnadigung geübt werde, wobei er übrigens dem Souverän wenigstens die eine Schranke setzen zu müssen glaubte, daſs von demselben dieses Recht nur insoweit ausgeübt werden dürfe,

„als es sich vor dem Richterstuhle der Vernunft verteidigen läfst.“ (§ 344 VI.) Es steht ausschliefslich dem Souverän, im Reiche dem Kaiser (§§ 345 X, 348 V), in den Territorien dem Landesherrn zu (§§ 346 IV, 353 IV. VI, 354 VI).

Anders bei dem Rechte der Androhung der Strafe. Diese geschieht durch das Strafgesetz und es greifen demzufolge hier die allgemeinen Bestimmungen über das Gesetzgebungsrecht des Souveräns Platz. Im Reiche steht um deswillen dem Kaiser die Befugnis, Strafandrohungen in der hierzu erforderlichen Gesetzesform zu erlassen, nur unter Mitwirkung der Reichsstände zu (§§ 345 I, 349), während aber in den Territorialstaaten in dem „Recht, Strafgesetze zu machen“ der Landesherr an Beschränkungen nicht gebunden ist (§§ 346, 353 IV).

Was nun das Recht der Strafzufügung anlangt, so erscheint dasselbe allerdings als ausschliefsliches Vorrecht des Herrschers (§ 345 III) und ist nur als hoheitlicher Akt rechtlich denkbar (§ 346 II); es kann also Privaten zu eigenem Rechte nicht zustehen und wenn solche wirklich Akte der Strafvollziehung vorzunehmen berechtigt sind, so kann sich ein derartiges Recht nur aus einer Konzession seitens des Souveräns herleiten (cfr. § 346 III). Allein es erfordert die Strafzufügung „allemal eine genaue Untersuchung und ein Urteil“ (§ 244 IV) und es erscheint geboten, dafs der Herrscher, und zwar aus ähnlichen Gründen wie bei Übertragung der „richterlichen Gewalt“, mit dieser Untersuchung und Urteilsfindung ev. auch mit der eigentlichen Strafzufügung entweder die Gerichte oder aber besondere Kommissionen betraue (cfr. §§ 350, 345 IV, 354 VI). Die so mit der Ausübung des eigentlichen Strafrechtes betrauten Beamten üben naturgemäfs nur vertretungsweise fremdes Recht aus, im Prinzip bleibt das Recht der Bestrafung dem Souverän vorbehalten (cfr. insbes. § 350).

§ 18. h. Die Militärgewalt.

Als eines der wichtigsten Souveränetätsrechte erschien der staatsrechtlichen Publizistik seit Bodin das Recht über Krieg und Frieden (jus belli ac pacis) und sie hatte sich deshalb meist eingehend damit befaſst. Nur der höchsten Gewalt, so erklärte man, könne das Recht des Krieges zustehen, nur sie könne von diesem Mittel der Selbsthülfe Gebrauch machen, denn nur sie erkenne keinen Richter über sich an, vor dem sie Recht nehmen könne bezw. Recht zu nehmen verpflichtet wäre. Wer einem Richter unterworfen, könne seinen Streit auf dem gewöhnlichen Rechtswege zur Entscheidung bringen, ihm könne um deswillen nicht verstattet sein, zu den Waffen zu greifen, um sich sein Recht zu schaffen; er würde sich diesfalls eines Verbrechens des Landfriedensbruches schuldig machen[1].

Das Recht des Krieges bedingt aber weiterhin auch das Recht, den begonnenen Streit zu enden, das Recht der Friedensschlieſsung. Auch dieses Recht steht hiernach nur der obersten Gewalt zu.

Aus diesem ius belli ac pacis wurde nun eine Reihe der verschiedensten Rechte und Befugnisse hoheitlicher Natur abgeleitet, wie das Recht, Heere unter Waffen zu halten, Soldaten zu werben, Befestigungen, Zeughäuser, Kriegsmagazine anzulegen etc. . .

Gönner hat, wie wir bereits früher gesehen, das Recht über Krieg und Frieden als Ausfluſs des Souveränetätsrechts der Repräsentativgewalt bezeichnet und an anderer Stelle behandelt.

Das Recht der Kriegführung und die sonstigen aus dem jus belli ac pacis abgeleiteten, oben genannten hoheitlichen Befugnisse hat er unter dem besonderen Hoheitsrechte der Militärgewalt vereint.

Die Behauptung der Selbständigkeit und Rechte des

---

[1] Vergl. Hancke a. a. O. S. 56; Dock a. a. O. S. 85.

Staats gegen andere Völker und der Schutz der Bürger gegen äuſsere Anfälle bedingt die Militärgewalt eines Staates. (§ 355.)

Ihre in ihrer Zweckbestimmung liegende Bedeutung war zwar niemals verkannt worden; sie zeigte sich schon in der vielfach sich findenden Dreiteilung der Funktionen der Staatsgewalt in Gesetzgebung, Ernennung der Beamten und Kriegführung; politisch bewegte und kriegerische Zeiten aber, wie sie insbesondere die Zeiten Gönners, das Ende des achtzehnten und der Beginn des vorigen Jahrhunderts waren, muſsten dieselbe in ganz besonderem Maſse hervortreten lassen und es lag deshalb nur zu nahe, daſs Gönner selbst zur Begründung der Notwendigkeit des Haltens von stehenden Heeren, einer „regulären Militz“ und aller damit zusammenhängenden Rechte, wie das der Konskription, der Aushebung von Mannschaften etc., welche zusammen das eigentliche jus armorum ausmachen, auf „Europens gegenwärtige Lage“ verwies (§ 355). Er kann sich hierbei allerdings nicht versagen, seiner Anschauung dahin Ausdruck zu geben, daſs „die stehenden Heere am Ende den Ruin aller Staaten unaufhaltbar herbeiführen“, da sie in auſserordentlicher Weise die Staatskräfte schwächen — positiv dadurch, daſs sie den gröſsten Aufwand an Staatsmitteln erheischen, „die gröſste Rubrik im Steuerbedarf ausmachen“, dann aber auch negativ dadurch, daſs sie einen groſsen Teil der arbeitenden Bevölkerung der Arbeit entziehen und aus Produzenten in bloſse Konsumenten verwandeln. Er plädiert mit Rücksicht hierauf für eine möglichst groſse Sparsamkeit in den „unzähligen“ Branchen der Militärökonomie, dann aber insbesondere für eine allerdings nicht recht klare Verbindung der Institution der stehenden Heere mit einem eigentlichen Milizsystem, indem er sagt, man müsse die verlorene Kunst der Römer — und er hat hierbei zweifellos nur das Rom der frühesten Zeit im Auge — wieder hervorsuchen, dem Soldaten als Bürger im Frieden eine solche Richtung zu geben, daſs er im Zustande der Ruhe den Wohlstand und die Kräfte des Staates vermehren hilft, um den ungeheuren Aufwand eines Krieges bestreiten zu können (§§ 355, 362 VII).

Was nun den Inhalt dieses Hoheitsrechtes anlangt, so enthält dasselbe einmal das Recht, Militär, eine reguläre Miliz zu halten; als „Mittel hierzu" erscheinen das Recht der Konskription und der Aushebung dienstfähiger Mannschaften im Lande ebenso wie das Recht der Werbung von Freiwilligen (§ 355 I II III). Weiterhin enthält die Militärgewalt insbesondere das Recht, Festungen, Magazine für Kriegsbedürfnisse, Zeughäuser, Invalidenhäuser etc. anzulegen (§ 355 V). Auch das Recht der Anordnung von Einquartierungen im Frieden, der Anlegung von „Musterplätzen", der Anordnung von Durchzügen ist in der Militärhoheit inbegriffen.

Als vorzüglichstes Recht erscheint aber das Recht der Kriegführung. (Man vergl. hierzu seine Ausführungen über den Reichskrieg § 358 ff.)

Diesen Rechten der Staatsgewalt bezw. des Souveräns entspricht auf seite der Untertanen die Pflicht eines jeden Bürgers zur Verteidigung des Vaterlandes (§ 355); hieraus resultiert im einzelnen vor allem die Verpflichtung zur Leistung von Kriegsdiensten (cfr. §§ 355 II, 362 III. IV), zur Beschaffung des nötigen Aufwandes (§§ 355, 362 VII) insbesondere zur Übernahme von Einquartierungslasten (ex § 357 III), auch zur Teilnahme an militärischen Übungen der gesamten Bürger (Landmiliz) im Frieden (§ 355 IV) u. s. f.

Im Kriege steigern sich die Verbindlichkeiten der Einzelnen wie der Gesamtheit; denn der Regent erscheint alsdann berechtigt, „von allen Teilen des Gebietes und allen Staatskräften an Geld und Naturalien, sowie an Mannschaft bis zum allgemeinen Landesaufgebot denjenigen Gebrauch zu machen, welchen die aufserordentlichen Umstände erheischen." (§ 355 IV.) (Staatsnotrecht — jus eminens! cfr. hierüber oben!)

Überdies sind auch, da die Kriege als Gesamthandlung anzusehen sind, die einzelnen Staatsbürger gehalten, die auf sie anteilsweise ausgeschlagenen Kriegslasten zu tragen. Eine Verteilung der dem einzelnen Bürger durch den Krieg verursachten besonderen Schädigungen auf die Gesamtheit erscheint jedoch Gönner vom theoretischen Standpunkte aus, wie auch aus praktischen Gesichtspunkten untunlich, ja unmöglich (§ 355 VII).

Als Ausfluſs der höchsten Gewalt ist nun die Militärgewalt enthalten in der Reichshoheit (§ 356 I), wie sie auch dem Landesherrn zusteht (§ 362 I).

Im Reiche ist der Kaiser bei Ausübung aller der in der Militärgewalt liegenden Rechte an die Zustimmung und Mitwirkung der Reichsstände gebunden. Die Vollziehungsgewalt des Kaisers, so sagt Gönner, hat über nichts, was zum Kriegswesen gehört, physisch zu disponieren, sondern muſs alles aus den Händen der Reichsstände erwarten (§ 356 II). So kann der Kaiser beispielsweise ohne Konsens der Reichsstände einen Reichskrieg, auch einen Defensivkrieg nicht führen (§ 359 I), er darf ohne deren Einwilligung weder neue Festungen anlegen, noch zerfallene oder alte erneuern (§ 356 V); die Kriegsankündigung obliegt ihm zwar, allein es muſs dieselbe unter ausdrücklicher Erwähnung des ständischen Konsenses geschehen (§ 359 VI) u. s. w. „Nirgendswo,“ so schreibt um deswillen Gönner, „spricht sich der Charakter einer beschränkten Monarchie und das Übergewicht der Territorialhoheit stärker aus, als in der Reichsmilitärgewalt.“ (§ 356.) Nirgendswo, so würde die moderne Wissenschaft sich ausdrücken, als in der Reichsmilitärgewalt, zeigt sich deutlicher der republikanische Charakter der Staatsform des alten deutschen Reiches. Warum Gönner trotz all der wesentlichen Momente, die sich insbesonders hier wie auch anderwärts bei Darstellung der Funktionen der Staatsgewalt, der einzelnen Hoheitsrechte ergaben, an der Auffassung von der monarchischen Verfassungsform des Reiches festhielt, haben wir bereits wiederholt darzulegen Gelegenheit gehabt.

Den Landständen steht in den Territorien eine Einflufsnahme auf die Militärgewalt gleichfalls zu, allerdings nur insoweit als ihr Steuerbewilligungsrecht in Frage kommt (§ 362 VII). Dafs dieses Recht eine begriffliche Beschränkung der dem Landesherrn im Territorium zustehenden obersten Gewalt nicht bedeutet, ist eine Konsequenz der Anschauung Gönners von der Beschränkbarkeit der Souveränetät (cfr. hierüber oben!).

§ 19. i. Die Staatswirtschaftsgewalt.

Was Gönner veranlafst hat, abweichend von der bisherigen Einteilung der Hoheitsrechte, ein eigenes, besonderes Souveränetätsrecht der „Staatswirtschaftsgewalt“ aufzustellen, wurde bereits früher, bei Darstellung der Polizeigewalt, eingehender erörtert (vgl. hierzu auch oben bei der Lehre vom Staatszweck § 1). Es mag um deswillen die Betrachtung hier auf den Inhalt dieses Hoheitsrechtes beschränkt werden. Dafs dasselbe mit anderen Hoheitsrechten teilweise sich berührt, bringt Gönner selbst zum Ausdruck, wenn er § 363 sagt: „Den Wohlstand des Ganzen im Wohlstand der Individuen herbeizuführen, ist die Tendenz der Staatswirtschaft, welche teils eine selbständige Gewalt des Staates ausmacht, teils auf andere Hoheitsrechte einwirkt.“ Betrachtet man nun die von ihm aufgestellte Reihe der hiernach im Rahmen dieses Hoheitsrechtes der Staatsgewalt zustehenden Befugnisse, so zeigt sich, dafs Gönner eine sehr weitgehende Einflufsnahme des Staates auf die wirtschaftliche und kulturelle Entwicklung des Volkes fordert, und gerade hier läfst sich ersehen, wie bereits an anderer Stelle hervorgehoben, wieweit Gönner von der herrschenden Lehre und Anschauung seiner Zeit, für welche die Zweckbestimmung des Staates in der Sicherung der Rechte sich erschöpfte, sich abgewandt hatte. Wenn er sich nun auch hierbei vielfach den Grundsätzen des vorkantschen Polizeistaates annäherte, so darf hier doch, wie bereits früher betont, nicht übersehen werden, dafs er gleichwohl den fortschrittlichen Ideen seiner Zeit, insbesondere dem in jenen Tagen mächtig entwickelten, im Prinzip jegliche Einflufsnahme des Staates auf diesen Gebieten perhorreszierenden, vielmehr das uneingeschränkteste Selbstbestimmungsrecht der Einzelpersönlichkeit fordernden Individualprinzip Rechnung getragen hat dadurch, dafs er dem Staate hier nur eine unterstützende und fördernde Tätigkeit zuweist und vor allem der Staatsgewalt, dem Regenten, die Ausübung jeglichen direkten Zwanges untersagt (vgl. §§ 275 IX, 363, insbesondere X).

Im einzelnen nun fordert Gönner hier vom Staate zunächst eine besondere Bevölkerungspolitik, bestehend in der Förderung der Eheschliefsungen, der Aufnahme von Bürgern, der Heranziehung von Ansiedlern aus dem Auslande u. s. w. — Forderungen, die in der in der Literatur hervortretenden Reaktion gegen den zu Ende des 18. Jahrhunderts herrschend gewordenen Malthusianismus eine Stütze fanden, dann aber vor allem durch die Tatsache bedingt erscheinen, dafs in den deutschen Territorien vielfach, teilweise veranlafst durch die Folgen der grofsen Kriege zu Ende des 18. und zu Beginn des 19. Jahrhunderts, populationistische Bestrebungen sich geltend machten (§ 367 ff.).

Sodann erklärt Gönner in diesem Zusammenhange, dafs es Aufgabe des Staates sei, für den Unterricht und die Bildung seiner Untertanen Sorge zu tragen, da „das Glück der Staaten beruhet auf der Menge gebildeter Einwohner“ (§ 370). Dieser seiner Aufgabe habe er zu genügen durch die unterstützende Förderung von Kunst und Wissenschaft, durch Gründung und Unterhaltung von Unterrichts- und Bildungsanstalten, durch „Belohnung und Aufmunterung der Gelehrten“ u. s. f. (vgl. §§ 370. 371. 372).

Indem Gönner den Grundgedanken des Physiokratismus ausspricht, wenn er (§ 373) sagt, dafs der Grundreichtum eines Staates in seinen Naturprodukten ruhe, fordert er folgerecht von den Regierungen eine ganz besondere Fürsorge für den „Ackerbau“, die ackerbautreibende Bevölkerung, „Aufmunterung und Unterstützung zur Kultur der Landwirtschaft“, den Schutz der im Lande gewonnenen Erzeugnisse durch Verbot der Einfuhr fremder Produkte u. s. w. (§ 373). „Damit jedes Staatsmitglied sich durch Arbeit den Lebensunterhalt erwerben kann, an Befriedigung der Bedürfnisse nichts mangelt und die Erwerbszweige zweckmäfsig verteilt sind, erstreckt die Staatsgewalt ihre Thätigkeit auf Gewerbe im Staat“ (§ 374). Dem Regenten steht die Leitung derselben zu (§ 376), und dieser Befugnis entspricht ein ausgebildetes Konzessionssystem (vgl. hierüber insbesondere § 376).

Durchdrungen von der Wichtigkeit und Bedeutung des Handels für die wirtschaftliche Entwicklung eines Volks und auch hier im Einklange mit den Grundsätzen der physiokratischen Schule, die den Satz verficht: La libre concurrence est le principe le plus étendu et le plus fécond du commerce, verlangt Gönner unter eingehender Darstellung der einschlägigen positivrechtlichen, insbesondere reichsgesetzlichen Bestimmungen eine möglichst weitgehende Freiheit desselben, die möglichste Beseitigung der mannigfachen, vor allem infolge der Gliederung des Reiches in die verschiedenen Territorialstaaten gegebenen Schranken (§§ 377 bis 387) und behandelt im Anschlusse hieran, gleichfalls in ausführlicher Weise die positivrechtlichen Bestimmungen über das Zollwesen in Deutschland, das deutsche „Zollrecht“ (§§ 388–392).

Das bislang in der Literatur nach dem Vorgange Bodins als eigenes Hoheitsrecht behandelte Münzrecht hat Gönner hier unter den weiteren Begriff der Staatswirtschaftsgewalt eingegliedert. Die hoheitliche Natur dieses Rechtes erweist er, indem er ausführt, dafs das Geld, das in fortgeschritteneren wirtschaftlichen Verhältnissen unbedingt notwendig ist (vgl. § 393 I) zur Abwicklung des Verkehrs, dieser seiner Zweckbestimmung nur zu genügen vermöge, wenn der Wert eines jeden Geldstücks öffentlich garantiert ist, eine Garantie, die nur vom Staate hoheitlich gewährt werden könne — das Recht zu münzen ist demzufolge vermöge der Repräsentationsgewalt ein Hoheitsrecht (§ 394). Eine Ausübung dieses Rechts durch einen unbefugten Dritten erscheint demnach als ein Eingriff in die Herrscherrechte, als Majestätsverbrechen (§ 394 II), das vermöge der Strafgewalt durch den Staat geahndet wird (§ 394 V). Tatsächlich von fast sämtlichen deutschen Territorialherren geübt, ist dieses Hoheitsrecht auch nach ihm nur in der Reichshoheit enthalten, eine Anschauung, die in der Literatur durchweg festgehalten worden war [1]. Es liegt also hierin eine Ausnahme von dem von ihm (§ 227) aufgestellten allgemeinen Grundsatze, dafs die Landeshoheit den Inbegriff aller in der obersten Gewalt nach dem allgemeinen Staatsrechte liegenden Rechte in sich enthalte, denn die Münzhoheit ist „kaiserliches Reservatrecht“ und kann für die Landesherren „allemal nur aus einer besonderen Verleihung der Reichsgewalt“ abgeleitet werden (§ 395 I 3. 4). Dafs dem Landesherrn die Aufsicht über das Münzwesen und die Bestrafung der Münzverbrechen zu eigenem Rechte zusteht, vermag hieran nichts zu ändern, denn diese Befugnisse sind als solche nicht in der „Münzhoheit“ enthalten, erscheinen vielmehr als Ausflufs der auch in der Territorialhoheit liegenden Polizei- und Strafgewalt (§§ 395 IV 3, 394 IV—VI).

Was die Ausübung dieses Rechtes durch die hierzu Berechtigten anlangt, so sind dieselben nach den Bestimmungen der Reichsgesetze schon gehalten, hierbei jeglichen Mifsbrauchs sich zu enthalten, da derselbe „ohne fernere Erkenntnis (ipso jure)“ den Verlust des Rechts nach sich zieht (§ 398), und eine der vornehmlichsten Forderungen, die Gönner hier aufstellt, ist die, dafs das Recht ohne Ge-

---

[1] Vergl. hierüber Hancke S. 77; Dock a. a. O. S. 104.

winnsucht geübt werde (§§ 394 III, 396 I), denn „lukrative Unternehmungen durch geringhaltige Münzen sind eine Steuer, und zwar die gefährlichste selbst in einem geschlossenen Handelsstaate" (§ 394 III). Gönner wendet sich also damit ausdrücklich gegen die besonders im 18. Jahrhundert von den einzelnen Landesherren vielfach zum Zwecke der Hebung der Staatsfinanzen vorgenommenen Münzverschlechterungen, die früher allerdings in der Literatur vom rechtlichen Standpunkt aus als nicht unzulässig erachtet und sogar verteidigt worden waren[1].

Weiterhin gliedert Gönner unter die Staatswirtschaftsgewalt noch ein das Postwesen. Er definiert (§ 401) Posten als „eine Anstalt, Personen und Sachen von einem Orte zum andern zu bestimmten Zeiten durch unterlegte, zum Abwechseln stäts bereite Pferde (positis equis — Post!) zu transportieren." Das Recht der Anlegung von Posten ist staatliches Hoheitsrecht. Zwar gibt, wie er selbst sagt, die Vernunft keinen Grund dafür an die Hand, daſs dieses Recht ausschlieſslich der Staatsgewalt zustehen solle, allein die tatsächliche Übung in Deutschland habe diesem Rechte den Charakter eines Hoheitsrechtes verliehen, denn seit Entstehung der Posten seien dieselben hoheitlich behandelt worden und man habe sich lediglich darüber gestritten, ob sie ein kaiserliches Reservatrecht oder ein landesherrliches Regal seien (§ 402 I).

An sich ist dieses Hoheitsrecht nach Gönner auch in der Landeshoheit enthalten (§ 402 VI), wurde seit 1658 auch vielfach von den Landesherren tatsächlich geübt (vgl. § 401 III), und unterliegt dieses Recht der Errichtung von Posten durch den Landesherrn nur positivrechtlich insoweit einer Einschränkung, als die Bestimmungen des Lüneviller Friedens zu Gunsten der kaiserlich-taxischen Posten Platz greifen (vgl. § 402).

Daſs neben diesem Rechte dem Landesherrn, wie im

---

[1] Vergl. hierüber Hancke a. a. O. S. 76 Anm. 4.

Reiche dem Kaiser (§§ 403 I, 404 IV), auch noch andere hoheitliche Befugnisse über die Posten, insbesondere das Recht der Aufsicht zusteht, und zwar auch gegenüber der taxischen Reichspost, hebt Gönner zu wiederholtenmalen hervor (§§ 403 II 2, 405 V); allein dieselben sind lediglich Ausfluſs sonstiger in der obersten, höchsten Gewalt liegender Souveränetätsrechte wie der oberaufsehenden, der gesetzgebenden Gewalt u. s. w.

§ 20. k. Das Beamtenernennungsrecht.

Als eigentliches, besonderes Hoheitsrecht und deshalb nur dem Regenten zustehend erscheint nach Gönner die aus dem Wesen des Staates sich herleitende Befugnis, den im Staate sich ergebenden Bedürfnissen durch die in demselben sich findenden Mittel zu steuern. Unter den Staatsbedürfnissen nun nehmen, so erklärt er (§§ 275 X, 424. Staatsdienst[1] S. 27 u. s. w.), Dienste die erste Stelle ein, welche sich in gemeine Dienste und in Staatsämter scheiden. Das Recht, Staatsdienste zu verleihen, im speziellen aber das Recht, Staatsämter zu schaffen und zu besetzen (Beamtenernennungsrecht) erscheint hiernach als Ausfluſs des allgemeinen Rechtes der Staatsgewalt, den Staatsbedürfnissen mit den ihr geeignet scheinenden Mitteln zu genügen.

Die Notwendigkeit der „Dienste" in ihrer Mannigfaltigkeit und Unermeſslichkeit ergibt sich für Gönner schon „aus der Natur der Staaten" (S. 49. 27). Die Empirie, die tatsächlichen Verhältnisse lassen ja einen theoretischen Beweis dieser Tatsache überflüssig erscheinen. Gleichwohl hat auch er diejenigen Momente, welche in der Literatur der letzten Jahrhunderte in unzähligen Wiederholungen zum Beweise der Notwendigkeit eines besonderen Beamtenstandes im Staate hervorgehoben worden waren, in seiner genannnten Monographie über den Staatsdienst nach seiner besonderen

[1] Der Staatsdienst aus dem Gesichtspunkt des Rechts und der Nationalökonomie betrachtet. Landshut 1808.

Art dargelegt. Dafs der Regent tatsächlich nicht imstande ist, sämtliche Funktionen der Staatsgewalt selbst auszuüben, ist klar; allein es erscheint ihm auch durchaus nicht wünschenswert, dafs der Regent überhaupt die staatlichen Geschäfte selbst wahrnehme. Wir haben in dieser Beziehung schon früher seine Anschauung über die Notwendigkeit der Übertragung der Ausübung der Justizgewalt seitens des Souveräns an ihn vertretende Beamte kennen gelernt (vgl. auch die Darlegungen über Strafgewalt oben a. E.).

Während er aber dort in der Hauptsache von besonderen, gerade bei den betreffenden Hoheitsrechten sich ergebenden Erwägungen ausgegangen ist, verwirft er hier in seinen Ausführungen von prinzipiellen Gesichtspunkten aus die Einmischung des Souveräns in die einzelnen Staatsgeschäfte, indem er (S. 30) ausführt, dafs der ganze staatliche Organismus zerstört würde, wenn der Regent, der den Mittelpunkt und die Seele des ganzen Staates bilde, aus dem Mittelpunkte der gesamten Staatsverwaltung, die ihm obliegt, heraustreten und sich in das Detail der Staatsgeschäfte verlieren wollte. Damit ergibt sich nun aber, so fährt er fort, die Notwendigkeit, „dem ganzen Staate nach allen Zweigen der Staatsverwaltung einen Mechanismus zu geben, wodurch der Regent vom Zentralpunkte aus durch Anordnung vieler und verschiedener genau ineinandergreifender Räder den Staat in allen Teilen und nach allen Branchen regieren kann," und dieser Mechanismus besteht in Anordnung verschiedener Behörden mit einem bestimmten Wirkungskreise, deren jede innerhalb desselben „aus Auftrag und im Namen des Regenten jene Handlungen vornehmen mufs, welche der Staatszweck nach der angewiesenen Sphäre fordert" (S. 31).

Die Schaffung dieses Mechanismus nun liegt nur in der Hand des Regenten; nur ihm steht die Errichtung der Ämter und die Besetzung derselben zu, weil, wie er sagt (§ 425 III), durch dieselbe hoheitlich gewirkt werden soll, m. a. W.: Da derjenige, dem ein Staatsamt zukommt, staatsgewaltliche Funktionen auszuüben berufen ist, kann er diese Befugnis nur von dem erlangen, in dessen Händen die Staatsgewalt liegt, also vom Regenten.

Gönner spricht das des genaueren noch in seiner Monographie (S. 154) aus, wenn er sagt, dafs bei jenen Staatsdiensten, die mit einem Staatsamt verbunden seien, der Auftrag des Regenten um so unbezweifelter vorausgesetzt werden müsse, „weil sie in Handlungen bestehen, welche zur Staatsverwaltung gehören, welche daher namens des Regenten vorgenommen werden müssen, welches ohne Auftrag desselben gar nicht geschehen kann."

So tritt also hier der Charakter des Beamtenernennungsrechts als eigentlichen Hoheitsrechts, als Ausflusses der souveränen Gewalt hervor und Gönner selbst spricht auch in diesem Zusammenhange von einem „Majestätsrechte" des Regenten (Std. § 51 Anm. a; vgl. auch noch S. 245).

Nun ist aber in einem gröfseren Staatswesen der Regent tatsächlich aufserstande, die sämtlichen, im Staate vorhandenen Ämter selbst zu besetzen und es mufs um deswillen vielfach dritten Personen die Besetzung einer grofsen Zahl von Staatsdienststellen überlassen werden. Gönner führt in dieser Richtung im Anschlufs an seinen obigen Satz an der bezeichneten Stelle (S. 154) fortfahrend aus: „Hiermit ist aber keineswegs ausgesprochen, dafs alle Staatsdienste vom Regenten unmittelbar besetzt werden müssen. Im Grunde müssen sie auf einem Rufe der Staatsgewalt beruhen, die Art aber, wie dieser Ruf erfolgt, kann mannigfaltig sein: Der Regent kann ihn unmittelbar oder mittelbar erteilen, jenes, wenn er das Subjekt, das er in seinen Staatsdienst nehmen will, selbst benennt, dieses, wenn er die Benennung anderen Personen überläfst." Es liegt demzufolge auch der durch andere Personen erfolgenden Ernennung ein Staatsruf zugrunde, die hierzu befugten „Unterthanen" üben also dieses Recht nur vertretungsweise an Stelle des Regenten, „aus einer Überlassung der Staatsgewalt" aus (§ 425 III, vgl. auch § 430 IV. V).

Die mittelbare Ernennung erscheint allerdings als etwas Ausnahmsweises, die unmittelbare Ernennung durch den Regenten bildet die Regel (S. 155), und im Interesse des Staates glaubt er dabei im besonderen noch die Forderung stellen zu müssen, „dafs nur mechanische und ganz untergeordnete Stellen anderen Personen im Staate überlassen werden . . ., damit nicht Privatinteresse, Oligarchie oder Nepotismus dem allgemeinen Besten vorgezogen werden" (S. 157).

Eine weitgehende Ausnahme von diesem Postulate bilden allerdings hergebrachte Privilegien und historisch gewordene Institute, bei denen die mittelbare Übertragung eines Staatsamtes auch bei wichtigeren Stellen anderen Personen zusteht. Neben den in dieser Beziehung zu seiner Zeit bestehenden Rechten der landständischen Korporationen, der Magistrate und besonderer Kollegien ist hier in erster Linie zu nennen die Patrimonialgerichtsbarkeit. Allein, wie bereits früher bei Darstellung der richterlichen Gewalt sich zeigte, verficht Gönner bezüglich dieser die Anschauung, dafs dieselbe überhaupt nur in landesherrlicher, i. e. staatlicher Konzession, ihren Rechtsgrund finden könne und in Konsequenz dieses Satzes hat er deshalb schon in seinem T.St.R. § 325 darauf hingewiesen, dafs, soweit die Patrimonialgerichtsbarkeit als Staatsamt in Frage kommt, dem Landesherrn das Gesetzgebungsrecht und die Oberaufsicht über dieselbe uneingeschränkt zustehe und derselbe „die Eigenschaften der Gerichtshalter festsetzen, die hierzu ernannten Subjekte prüfen, die untauglichen verwerfen und die tauglichen in Pflichten des Staates nehmen könne." Da also — das ist das Ergebnis seiner Ausführungen — die Patrimonialgerichtsbarkeit auf einer Übertragung seitens des Souveräns beruht, so liegt auch der Ernennung von Gerichtshaltern durch den Gerichtsherrn ein „Ruf der Staatsgewalt", „ein Akt des Regenten" zugrunde (vgl. Std. S. 155) und dies bekundet sich insbesondere in den bereits genannten, dem Regenten zustehenden Rechten über diese

„mittelbar oder indirekt ernannten Staatsdiener“, denen er als das wichtigste und bedeutendste ergänzend noch anfügt das Devolutionsrecht, d. h. die Befugnis des Regenten, das mittelbare Staatsamt selbst zu besetzen, wenn derjenige, dem dieses Recht von ihm überlassen wurde, darin säumig ist.

Hiernach ist trotz der mannigfach gegebenen anscheinenden Ausnahmen das Staatsdienerernennungsrecht ein dem Souverän prinzipiell ausschliefslich zustehendes Recht, also ein eigentliches Hoheitsrecht und es erscheint um deswillen als ein „Eingriff in die Majestätsrechte“, wenn jemand unbefugterweise die Besetzung eines Staatsamtes sich zueignet oder sich ein Amt beilegt, das ihm von der Staatsgewalt nicht verliehen wurde (S. 153 Anm. a).

Bei Ausübung dieses Souveränetätsrechtes nun ist der Regent auch nach Gönner an gewisse Vorschriften gebunden, die in dem Staatsbesten ihren Grund haben und als deren wichtigste die erscheint, dafs der Regent nur einem „Würdigen“ ein Staatsamt anvertrauen darf (§ 425 IV, Std. § 59), eine „Verbindlichkeit“, die allerdings, wie er in eingehenden Darlegungen ausführt, der Natur der Sache nach nie dahin gesteigert werden dürfe und könne, dafs der Regent gerade den Würdigsten zu erwählen gehalten sei (Std. § 59 ff.).

Wenn nun so der Regent allein berechtigt ist, die Staatsämter zu verleihen und zu übertragen, so müfste er an sich auch berechtigt erscheinen, jemandem ein Amt für den Fall der Erledigung desselben in Aussicht zu stellen. Diese Schlufsfolgerung liegt sehr nahe und tatsächlich wurde denn auch zu Gönners Zeiten vor allem in den einzelnen Territorialstaaten, wie teilweise auch aus Gönners allgemeinen Darstellungen zu entnehmen, von den Landesherren dieses Recht in Anspruch genommen und vielfach geübt. In der Literatur war die Zulässigkeit der Verleihung von Anwartschaften seit langem Gegenstand heftigen

Streites gewesen. Während man auf der einen Seite die Unzuträglichkeiten und Fährlichkeiten, welche diese Institution zweifellos für den Staat haben konnte und hatte, hervorhob und um deswillen dieselbe verwerfen zu müssen vermeinte, glaubte man doch andererseits vielfach wiederum, dem Herrscher, dem ja die Verleihung der Staatsämter uneingeschränkt zustand, auch in dieser Beziehung keine Schranken setzen zu dürfen. Gönner, der an anderer Stelle (S. 280) erklärt, dafs er seinen Gegenstand nicht aus dem Gesichtspunkte des positiven Rechts aufgefafst habe, ihn vielmehr nach den Prinzipien des „Vernunftstaates“ zur Darstellung bringen wollte (S. 104, 106), verwirft im Prinzip die Expektanzen. Dieselben sind, sagt er, dem Vernunftstaate fremd (S. 171). Als schlechthin verwerflich bezeichnet er die Erteilung von Anwartschaften an Kinder und andere noch ungebildete Subjekte, denn hierdurch verwandle der Regent die Staatsdienste in platte Gnadengehalte, zerstöre die öffentliche Meinung vom Staatsdienste und schade zugleich dem Staate selbst, da solche Persönlichkeiten keinesfalls das Streben in sich fühlen dürften, sich auch dem Amte entsprechende Fähigkeiten und Kenntnisse anzueignen. Auch bedingte und mit Klauseln versehene Anwartschaften seien mit den gleichen Fehlern und Mängeln behaftet und darum zu verwerfen (S. 171). Die Betrachtung der tatsächlichen Verhältnisse jedoch, der Umstand, dafs manche der wirklich verliehenen Expektanzen zweifellos billig, ja teilweise sogar als notwendig erscheinen, liefsen ihn dieses Urteil in seiner vollen Schärfe nicht aufrecht erhalten. In gewissen Fällen erachtet er die Institution als tadelsfrei, dann nämlich, wenn der Regent derartige Anwartschaften dazu benütze, verdienstvollen Staatsdienern für bisherige wirkliche und wahre Verdienste eine Belohnung zu gewähren, zumal wenn die Behördenorganisation andere wirksame Mittel zur Belohnung der Staatsdiener nicht an die Hand gebe (S. 172, 173). Auf solche Weise ergibt sich nach ihm ein gewisser modus vivendi zwischen den Forderungen des Vernunftstaates und den tatsächlichen (positiven) Verhältnissen.

Diesen Erörterungen nun reiht er die Frage an, inwieweit derartige Anwartschaften für den Regierungsnachfolger verbindlich erachtet werden könnten.

Dafs prinzipiell aus denselben eine Verbindlichkeit für den Nachfolger sich ergeben könne, das leitet sich für ihn schon aus dem allgemeinen Grundsatze ab, dafs die Erteilung der Expektanzen gerade so wie die Verleihung der Ämter selbst im Grunde ein Ausflufs der souveränen Gewalt, also Regentenhandlung ist; nun sind allerdings nicht sämtliche Regentenhandlungen für den Nachfolger verbindlich, sondern nur diejenigen, welche „eine wahre Beziehung auf den Staat haben" und nur insoweit, als daraus ihrer Natur nach eine Verbindlichkeit auf den Staat übergeht (cfr. T.St.R. § 244 V C. α, Staatsd. S. 175, 176, 177). Soweit demgemäfs nach seinen früheren Ausführungen Anwartschaften überhaupt zu verwerfen sind, sind sie für den Regierungsnachfolger durchaus unverbindlich. Wenn jedoch dieselben zur Belohnung wirklicher wichtiger Dienste erteilt wurden und deshalb also tadelsfrei erscheinen, verbinden sie den Staat insoweit als der versprochene Staatsdienst als „Nahrungsstand" in Frage steht, und in diesem Umfange ist eine erteilte Expektanz auch für den Nachfolger verbindlich; er mufs diesfalls alle diejenigen materiellen Vorteile gewähren, die mit dem betreffenden Staatsamte verbunden sind. Das Amt selbst zu verleihen ist er allerdings nicht verpflichtet, denn der einzelne hat, wie wir im folgenden sehen werden, auf das Staatsamt kein Recht (S. 178, 179).

Dem Rechte des Regenten, die Staatsdienste zu verleihen und Staatsämter zu besetzen, entspricht „eine, aus dem Staatsverein unmittelbar hervorgehende Staatsverbindlichkeit der Untertanen", diese Dienste bezw. Ämter auf den Ruf des Staates zu übernehmen (T.St.R. § 425 I, II; Std. S. 56, 83 etc.). Die staatsrechtliche Begründung des

Rechtes des Regenten, von den Untertanen Dienste ev. sogar zwangsweise zu fordern und damit der Verbindlichkeit der Staatsangehörigen die geforderten Dienste zu leisten, ist allerdings nicht völlig klar. Eine bestimmte Erörterung findet sich in dieser Beziehung nirgends. Allein, es läſst sich doch trotz der in diesem Zusammenhange gegebenen, wenig klaren und etwas verwirrend wirkenden Ausführungen „nationalökonomischer“ Natur als Grundgedanke, wie bereits eingangs hervorgehoben, der erkennen, daſs das Recht des Regenten als „Majestätsrecht“ ein Ausfluſs der höchsten Macht und Gewalt im Staate ist, und sich so ebenso wie die Pflicht der Untertanen aus der im Staate bestehenden Herrschaft des höchsten Willens über die ihm unterworfenen Willen, also in diesem Sinne „aus dem Begriff und Wesen des Staates“ (S. 58), „aus der Natur des Staatsvereins“ (S. 83) ergibt.

Der Regent ist also berechtigt, die Leistung der nötigen Dienste von den Untertanen zu fordern, ohne sich um deren Einwilligung kümmern zu müssen (S. 51); maſsgebend ist nur der als „Geboth“ erklärte Wille des Regenten, auf den Willen des Untertanen kommt es gar nicht an (S. 85). — Die Übernahme des Staatsdienstes ist demnach nichts weiter als die Anerkennung oder Erfüllung einer bereits bestehenden Verbindlichkeit (S. 83) und diese Erfüllung der Verbindlichkeit kann deshalb unter Umständen auch erzwungen werden. Die Frage der Zulässigkeit der Ausübung von Zwang in dieser Beziehung war unmittelbar vor Gönner in der Literatur bei Darstellung des Staatsdienstrechtes Gegenstand lebhafter Kontroverse geworden und bei der bei den einzelnen Schriftstellern herrschenden grundsätzlichen Verschiedenheit in der Auffassung der rechtlichen Natur des Staatsdienstes war der Streit wohl verständlich. Seuffert[1], der die Verpflichtung des Untertanen zur Übernahme von

[1] J. M. Seuffert, Von dem Verhältnisse des Staats u. der Diener des Staats gegeneinander im rechtlichen und politischen Verstande. Würzburg 1793.

Staatsdiensten im Grunde auf dem dominium eminens des Staates aufgebaut hatte, war logischerweise zu dem Satze der Erzwingbarkeit dieser Pflicht durch den Staat gekommen. van der Becke[1], für den der Begriff des Staatsdieners von dem eines Staatsbürgers ganz unabhängig ist, und der demgemäfs. einen Vertrag zur Basis des Rechtsverhältnisses zwischen Staat und Staatsdiener gemacht hatte, hatte gegen den von Seuffert aufgestellten Satz heftig polemisiert, indem er darauf hinwies, dafs dem Staate mit erzwungenen Diensten nichts gedient sei und überdies der Satz, dafs der allgemeine Wille des Staates für den einzelnen Untertan ein Gesetz sei, dem er unbedingt gehorchen müsse, nichts anderes als die reine Lehre des Despotismus, also schlechthin zu verwerfen sei.

Diesen Einwendungen sucht nun Gönner, der sich „im Resultate“, wenn auch „nicht ganz in Prinzipien“ mit Seuffert eins weifs (S. 57 Anm. a), in ausführlichen Darlegungen insbesondere damit zu begegnen, dafs er erklärt, der hier geübte Zwang sei durchaus eigener Natur und habe mit dem Zwange im Privatverhältnisse absolut nichts gemein, sei vielmehr für denjenigen', welcher damit belegt werde, überaus ehrenvoll und schliefse bei den erhabenen, dadurch in dem Untertanen erregten Motiven die Möglichkeit aus, dafs dem Staate aus erzwungenen Diensten ein Nachteil erwachse und überdies verliere dieser Zwang seinen allenfallsigen drückenden Charakter schon durch die mit dem Dienste verbundene Entschädigung des Dienstleistenden.

Die Leistung von Staatsdiensten ist also eine öffentlichrechtliche, unter Umständen erzwingbare Verbindlichkeit der Untertanen, der Staatsdienst ist ein rein staatsrechtliches Verhältnis[2]!

---

[1] F. A. van der Becke, Von Staatsämtern u. Staatsdienern. Heilbronn 1797.

[2] Über eine Ausnahme von diesem Satze — den Staatsdienstvertrag mit Ausländern vergl. S. 93. Rehm S. 82.

Aus diesem Fundamentalsatze ergeben sich nun eine Reihe von Konsequenzen.

So wenig nach dem voraufgeführten der Untertan berechtigt erscheint, ein ihm vom Regenten übertragenes Amt auszuschlagen, so wenig kann er sich, weil seine öffentlichrechtliche Verbindlichkeit mit jedem Momente gewissermaſsen neu erwacht, derselben durch eine willkürliche, dem Regenten aufgedrungene „Resignation" entziehen (T.St.R. § 425 VI 5, Std. S. 258). Andererseits ist dem Untertanen aber auch nicht das Recht eingeräumt, dem Staate seine Dienste id est die Erfüllung der für ihn bestehenden Verbindlichkeit aufzudrängen (S. 275). Die Staatsdienste sind öffentliche Lasten, „Last" und „Recht" sind aber begrifflich nicht zu vereinen; es ist „ein sich selbst zerstörender Widerspruch", „Staatsdienste als bürgerliche Verbindlichkeiten zu ergreifen und zugleich als ein Recht gegen den Staat zu erklären" (cfr. S. 90. 272). So wenig deshalb der einzelne ein Recht hat, vom Regenten zum Staatsdienste berufen zu werden, so wenig hat ein Staatsdiener ein Recht auf Beibehaltung des Staatsamtes (T.St.R. § 425 VI 6, dann auch Krit. Archiv 1806 Bd. 5 S 513, Std. S. 271 ff.). Der Regent ist deshalb berechtigt, jederzeit dem Staatsdiener seine ehrbare Entlassung zu geben.

Gönner verwirft also das bis dahin von der Theorie festgehaltene jus quaesitum auf das Staatsamt vollständig. Es ist dies ja logisch die notwendige Folge seiner ganzen Auffassung von der Natur und dem Wesen des Staatsdienstes. Über die äuſsere Veranlassung hierfür wie überhaupt für die ganze von ihm vorgenommene theoretische Neukonstruktion des Staatsdienerrechts, die in der neuesten Judikatur der obersten Gerichtshöfe und insbesondere in dem neu entstandenen positiven Recht, der Gesetzgebung in Preuſsen und vor allem in Bayern zu erblicken ist, darüber vergl. Rehm, Die rechtliche Natur des Staatsdienstes nach deutschem Staatsrecht, S. 66 ff.

Was nun die rechtliche Stellung des Staatsdieners anlangt, so erklärt Gönner in dieser Beziehung (S. 221) in Übereinstimmung mit der bisherigen Theorie, dafs der Staatsdiener die Geschäfte des Staates aus dessen Auftrag verwalte und deshalb als Bevollmächtigter des Staates, als Verwalter fremder Geschäfte angesehen werden müsse. Er erscheint also als Gehilfe des Souveräns bei Ausübung der Staatsgewalt, er übt namens des Staates die Rechte des Regenten auf die Untertanen und zwar jeweils nach seinem Amtskreise aus, niemals aber ist dieses Recht auf ihn so übertragen, dafs er es zu seinen Rechten zählen könnte (S. 91).

Aus diesem Satze ergeben sich nun verschiedene Folgerungen.

Der Staatsdiener als blofser „Geschäftsführer" ist dem Geschäftsherrn, dem Staate, jederzeit Rechenschaft schuldig (S. 197), seine Amtsführung ist deshalb fortwährend dem Oberaufsichtsrechte des Regenten unterworfen, der ihn zu jeder Zeit zur Rechenschaft über seine Dienstleistung zu ziehen in der Lage ist, dem damit zugleich das Recht der Prüfung über die fortdauernde Fähigkeit des Staatsdieners zur Dienstleistung zusteht. Es treten also damit, dafs der Staatsdiener an Stelle und gewissermafsen neben dem Regenten staatsgewaltliche Funktionen ausübt, die auf ihn übertragenen Rechte und Befugnisse keinesfalls aus dem Machtbereiche des Souveräns, was sich insbesondere auch aus dem demselben weiterhin zustehenden Rechte der Erteilung allgemeiner Instruktionen und besonderer Befehle an die Staatsdiener hinsichtlich der Ausführung ihrer Amtsbefugnisse zeigt (S. 199).

Der Staatsdiener ist gehalten, diesen Instruktionen und Befehlen des Regenten unbedingt Folge zu leisten. Hier erörtert Gönner in ausführlicher Weise die viel umstrittene Frage, ob es dem Staatsdiener verstattet sei, die ihm erteilten Instruktionen einer Prüfung zu unterziehen bezw. inwieweit demselben ein Widerstandsrecht dem Souverän gegenüber zugesprochen werden könne. In der bisherigen

Literatur war man von der extremen Ansicht der Monarchomachen, die dem Beamten schlechthin ein Recht des Widerstands gegenüber dem Herrscher eingeräumt hatten, lange zurückgekommen, und im allgemeinen mehr der entgegengesetzten Richtung zuneigend, versuchte man in der verschiedensten Weise das Postulat der Wahrung der moralischen und intellektuellen Freiheit der Beamten mit den, eine möglichst straffe Zentralisation und um deswillen weitestgehenden Gehorsam der Untertanen wie insbesondere der Staatsdiener erheischenden, Interessen des Staates in Einklang zu bringen. Die beiden bedeutenden Vorgänger Gönners, Seuffert und van der Becke hatten, unter Zugrundelegung des Satzes, dafs es Pflicht des Staatsdieners sei, darauf zu sehen, dafs dem Staate durch sein Amt ein Schaden nicht zugefügt werde, im Prinzip sich dahin aussprechen zu müssen geglaubt, dafs dem Staatsdiener die Befugnis zustehe, die ihm erteilten Instruktionen einer Prüfung zu unterziehen, da andernfalls der Staatsdiener in einen Sklaven oder in eine blofse Maschine verwandelt würde. Bezüglich des eigentlichen Widerstandsrechtes hatten sie etwas von einander abweichende Anschauungen vertreten; während Seuffert dem Staatsdiener äufserstenfalls ein Recht der Resignation zugestand, räumte v. d. Becke in gewissen Fällen demselben ein direktes Recht des Widerstandes ein. Anders Gönner!

Das Recht einer bescheidenen Gegenvorstellung gegenüber ihm unzweckmäfsig und unrechtmäfsig erscheinenden Anordnungen gesteht auch er dem Staatsdiener zu; er erklärt sogar, dafs dies Pflicht desselben sei, da es ihm obliege, den Regenten und den Staat vor Schaden, der durch derartige Anordnungen verursacht werden könne, zu warnen (S. 204). Allein ein eigentliches Prüfungsrecht glaubt er ihm keinesfalls zusprechen zu dürfen (S. 202), denn „die Privatüberzeugung des Untertans“, noch vielmehr naturgemäfs des Staatsdieners „mufs in Zweigen der Staatsverwaltung nachstehen der erklärten

Überzeugung der Staatsgewalt" (S. 77), und es bleibt sonach dem Staatsdiener nach fruchtlos gemachten Gegenvorstellungen nichts als Gehorsam, und zwar blinder Gehorsam übrig. Gönner spricht in diesem Zusammenhang von einer gloria obsequii und versteht hierunter die Verbindlichkeit des Staatsdieners, ohne alle Rücksicht auf Privatüberzeugung die Befehle des Regenten oder vorgesetzter Behörden in seinen Amtssachen zu befolgen. Seine Beweisführung für diesen Satz erschöpft sich im allgemeinen in der Hervorhebung der Tatsache, daſs die gegenteilige Meinung zur Anarchie führen müsse und daſs der Staat schon den Keim der Auflösung in sich trage, also überhaupt nicht mehr als Staat gelten könne, in dem es dem Staatsdiener verstattet wäre, seine Privatmeinung dem erklärten Willen und der ausgesprochenen Überzeugung der Staatsgewalt entgegenzusetzen und auf diesem Wege schlieſslich bis zur offenen Widersetzlichkeit zu schreiten (S. 202 ff.).

Bei der Frage nach den Gründen, die Gönner zu dieser Stellungnahme veranlaſst haben, darf vor allem die Tatsache nicht auſser acht gelassen werden, daſs bei seinen konservativen politischen Anschauungen, denen man allenthalben in seinen Werken begegnet, ein Widerstandsrecht der Untertanen überhaupt, wie insbesondere der Staatsdiener für ihn durchaus verwerflich erscheinen muſste. Neben diesem subjektiven Moment war es, wie sich aus seinen eigenen Darlegungen ergibt, auch teilweise die Literatur seiner Zeit gewesen, die diese seine Auffassung in ihm bekräftigte; denn die Frage, ob unter gewissen Voraussetzungen, insbesondere bei Überschreitung der ihr gezogenen Schranken durch die souveräne Gewalt, dieser der Untertan sich zu widersetzen berechtigt sei, war, wie früher bereits hervorgehoben, gerade damals vielfach schlechthin verneinend beantwortet worden. Gönner selbst führt hier Schlözer ins Treffen, der in seiner „Staatsgelahrtheit" blinden Gehorsam vom ganzen Volk und dem einzelnen dem Herrscher gegenüber fordert und vor allem hatte in jener

Zeit Kant jegliches Recht der Widersetzlichkeit des einzelnen wie der Gesamtheit ausdrücklich verworfen.

Zum Ende aber stand ihm auch das neuere positive Recht zur Seite.

Mit Genugtuung verweist er in dieser Beziehung auf das Preufsische Landrecht, das in seinem 1. Teil, Tit. VI, § 47 ausspricht, dafs von demjenigen, der vermöge seiner amtlichen Stellung den Befehlen seiner Vorgesetzten ohne Einschränkung Folge zu leisten verpflichtet sei, nicht gefordert werden könne, dafs er einen in Dienstgeschäften ihm geschehenen Auftrag seiner Oberen prüfe.

So finden also die von ihm aufgestellten Sätze in seinen politischen Anschauungen, in der Literatur und dem positiven Recht seiner Zeit wohl ihre Erklärung; dafs sie mit den Ideen Schlözers und Kants nicht unwidersprochen blieben, erscheint bei ihrer extremen Natur nicht befremdlich.

Wenn sich nun aus vorstehendem ergab, dafs in der rechtlichen Stellung des Staatsdieners als Bevollmächtigten des Staates und Gehilfen des Regenten bei Ausübung der Staatsgewalt der Grund für die Unterwerfung desselben unter das fortdauernde Oberaufsichts- und Prüfungsrecht des Souveräns mit allen daraus sich ergebenden Konsequenzen und ebenso für eine besonders weitgehende Gehorsamspflicht dem Staate gegenüber erblickt werden mufs, so müssen nach Gönner gerade hieraus auch eine Reihe besonderer Rechte des Staatsdieners abgeleitet werden (Std. § 86 ff.), die aber sämtlich nicht anders denn als „Mittel zur vollkommenen Pflichterfüllung“ gedacht werden können (S. 220). Der Staat erscheint demgemäfs vor allem verpflichtet, alle diejenigen Mittel dem Staatsdiener zu gewähren, welche für denselben zur Ausübung seines Amtes erforderlich sind (T.St.R. § 425 V. B., Std. S. 219). Im besonderen ist demjenigen Staatsdiener, welcher ein eigentliches Staatsamt inne hat, da derselbe innerhalb der ihm angewiesenen Sphäre die Rechte der Staatsgewalt ausübt, das Recht einzuräumen, von den Amtsuntergebenen Gehorsam zu fordern. Die Gehorsamspflicht der Untertanen basiert also darauf, dafs der Staatsbeamte die souveräne Staatsgewalt, den Souverän repräsentiert. Hierzu tritt dann weiterhin das Recht des Beamten, für seine Amtshandlungen öffentliche Glaubwürdigkeit zu beanspruchen (S. 222) u. s. w.

Voraussetzung für diese Rechte ist naturgemäfs, dafs der Beamte die für Befehle und Amtshandlungen vorgeschriebenen Formen nicht verletze und insbesondere nicht über die Grenzen seines Amtskreises in örtlicher oder sachlicher Beziehung hinausgehe, da er diesfalls, weil ohne Auftrag des Staates handelnd, in den Privatstand eintrete.

Die Stellung des Staatsdieners als Vertreters der Staatsgewalt bedingt aber fernerhin auch die Gewährung einer erhöhten Sicherheit und eines besonderen Schutzes desselben bei Ausübung seiner amtlichen Tätigkeit (T.St.R. § 425 S. 223 f.) ebenso wie das Eintreten des Staates für denselben, falls er für eine bei rechtmäfsiger Ausübung seiner Amtsgewalt vorgenommene Handlung zur Rechenschaft gezogen werden sollte (S. 225). Hieran reihen sich noch vor allem das Recht, Ersatz für Auslagen und sonstige durch die Dienstleistung verursachten Schäden (S. 226) zu fordern, das Recht auf Rang und Titel und endlich auf unbeschränkte und unverkürzte Gewährung der mit dem Staatsdienste verbundenen materiellen Vorteile (T.St.R. § 425, Std. S. 229 ff.).

Dem Regenten, dem das Majestätsrecht der Staatsdienerernennung zukommt, obliegt die Gewährleistung dieser Rechte an die Staatsdiener.

§ 21. 1. Die Kirchenhoheit.

Der Zweck des Staates beschränkt sich nicht auf die blofse Förderung der materiellen Interessen. Auch die moralische und intellektuelle Kultur zu fördern, erheischt seine höhere Aufgabe, die darin besteht, seinen eigenen Zustand in den Individuen vollkommener zu machen (§ 275 IX). Daher erscheint die Fürsorge für Tugend und Religion als ein Teil der „Regierungsgewalt im Wohlfahrtsfache“ (§ 275 IX).

Es decken sich nach Gönner prinzipiell Aufgaben und Zweck des Staates und der Kirche in dieser Beziehung und vom theoretischen Standpunkte aus erscheint ihm deshalb die Idee der „absoluten Einheit von Staat und Kirche“, wonach die Kirche nur eine durch das Staatsbedürfnis bedingte staatliche Anstalt zum öffentlichen Gottesdienste ist (§ 408 I), durchaus gerechtfertigt (cfr. § 275 IX insbes. Anm. z.).

Da jedoch diese Idee nach den tatsächlichen Verhältnissen, wie er a. a. O. selbst sagt, der Darstellung des deutschen Kirchenstaatsrechts nicht zugrunde gelegt werden kann, so hat er dieselbe auch nicht weiter ausgeführt, sondern in dieser Beziehung lediglich auf die 1802 erschienene Schrift des Konsistorialrats H. Stephani „Über die absolute Einheit der Kirche und des Staates“ verwiesen. Um aber Gönner in seinen bei Darstellung des positiven Rechtes kundgegebenen Anschauungen richtig verstehen zu können, erscheint es geboten, in ganz kurzen Zügen die Grundideen des Autors, dem er hier gefolgt, hervorzuheben.

Ausgehend von dem Satze, dafs jeder Staat ein Verein zur Beförderung des gesamten Zweckes der Menschheit sein soll (S. 90), dafs deshalb die Aufgabe desselben in der Förderung der äufseren Wohlfahrt der Staatsangehörigen sich nicht erschöpfen könne, vielmehr dieselbe vor allem die Pflege der Sittlichkeit erheische (S. 94 ff.), erklärt derselbe, dafs es dem Staatsverein obliege, der moralischen Not der Menschheit und im besonderen seiner Staatsangehörigen ebenso zu steuern wie der physischen, und dafs deshalb in jedem Staate eine Anstalt, ein moralisch-klinisches Institut vorhanden sein müsse, das jedem sittlich Notleidenden wohltätig zu Hilfe komme (S. 164). Diese Anstalt, dieses staatliche Institut ist die Kirche; sie wirkt mit den übrigen Staatsanstalten vereint zusammen zur Erreichung des höchsten Zweckes der Menschheit; sie hört so auf, eine Glaubensgesellschaft zu sein, bildet vielmehr bloſs den Inbegriff von öffentlichen Anstalten, welche jedem Staatsbürger die Mittel zu seiner religiösen, moralischen Kultur anbietet (S. 182 ff.).

Im Grunde bedeutet dieses System, da so, wie Stephani selbst sagt, die Kirche als Kirche vernichtet wird (S. 203), das Aufgehen der Kirche im Staate, die völlige Unterwerfung der kirchlichen unter die Staatsgewalt.

Dieser Anschauung huldigt nun prinzipiell auch Gönner. Tatsächlich liegt allerdings, wie er bedauernd bemerkt, diese absolute Einheit von Staat und Kirche noch ferne im Reiche der Ideale (§ 408 I) und kann der Darstellung des Rechtsverhältnisses der Kirchen im deutschen Staate nicht zugrunde gelegt werden.

Doch erklärt sich aus dieser seiner Grundanschauung seine Stellungnahme in gewissen prinzipiellen Fragen, deren Erörterung sich bei Darstellung des positiven Rechtes nicht umgehen lieſs.

Zunächst muſs Gönner so ein ausgesprochener Gegner des in der katholischen Kirche herrschenden hierarchischen Systems sein. Er ist denn auch bestrebt, dasselbe in seiner unmittelbaren Geltung und Bedeutung im Reiche nach Möglichkeit zu beschränken; er bekennt sich, sich stützend auf die Beschlüsse des Basler Konzils, das ja am meisten unter dem Einflusse der dem Papalismus in der Kirche entgegen arbeitenden Strömungen gestanden hatte, als Anhänger der episkopalistischen Richtung (§ 412 Anm. x) und begrüſst um deswillen mit Freuden die, wie wir rückschauend erkennen, letzte, bedeutendste Regung des Episkopalismus in Deutschland gegenüber den immer mehr erstarkenden unitarischen Tendenzen der römischen Kurie, die in dem von den vier Erzbischöfen 1776 verfaſsten, gegen die Errichtung der Münchener Nuntiatur sich richtenden Emser Punktationen zum Ausdruck gelangte und bedauert es lebhaft, dafs auch unter einem so kraftvollen Herrscher wie Joseph II. war, die Deutschen nicht Gemeingeist genug besafsen, um den von den patriotischen Erzbischöfen Rom gegenüber vertretenen Ideen Geltung zu verschaffen (§ 411 V) und sich so eine wirkliche Kirchenfreiheit zu erstreiten. Er hält den Zeitpunkt zur Wiederherstellung derselben gerade damals gegeben, da durch den Lüneviller Frieden 1801 und den sich daran anschliefsenden Reichsdeputationshauptschlufs die herrschende deutsche Kirchenverfassung aufgelöst und eine Neuregelung der kirchlichen Verhältnisse notwendig geworden war. Mit oder ohne Konkordat wünscht er das deutsche Vaterland von dem seit Jahrhunderten getragenen Joche befreit zu sehen und er zweifelt nicht, dafs dieses Ziel erreicht werden kann, wenn nur Eintracht unter den deutschen Reichsständen herrscht. (§ 411 VI.)

Die prinzipielle Anschauung Gönners von der erstrebenswerten absoluten Einheit von Staat und Kirche erklärt aber auch, warum er bei Darstellung des Verhältnisses der protestantischen Kirche zum Staate, trotzdem er bekennen zu müssen glaubt, dafs die protestantische Kirchengewalt nur aus deren innerem Verhältnisse als ein Kollegialrecht wissenschaftlich deduziert werden könne, im allgemeinen also dem damals herrschenden Kollegialsystem[1] zuneigt, gleichwohl nicht die Grundsätze, auf denen dieses System aufgebaut ist, für die Beantwortung der Frage verwertet wissen will, welchem Subjekte die Kirchengewalt zukommt (§ 416 III), sondern, dabei zum Teil sich stützend auf die Reichsgesetze, erklärt, dafs die Kirchengewalt in der Landeshoheit als solcher ruht und dem Landesherrn ohne Rücksicht auf sein persönliches Religionsverhältnis zusteht, also niemals als von

[1] Vergl. hierüber Sohm, Kirchenrecht Bd. I. S. 676 ff.

den Glaubensgenossen auf ihn übertragen angesehen werden könne (§ 416 IV).

Betrachten wir nun seine Darstellung des Hoheitsrechtes der Kirchengewalt des näheren.

Prinzipiell, für den Vernunftstaat, kennt er, wie bereits hervorgehoben, ein eigentliches Kirchenhoheitsrecht nicht; dasselbe fällt mit der Regierungsgewalt im Wohlfahrtsfache zusammen. In Deutschland aber scheint es geboten, das Staatsverhältnis der Religion unter einer anderen Ansicht zu behandeln (§ 275 Anm. z.).

Der Inhalt desselben nun ist nach Gönner ein recht verschiedenartiger, zumal in der deutschen Staatsverfassung inbezug auf das Verhältnis von Staat und Kirche die heterogensten Grundsätze herrschen (§ 408).

Im allgemeinen erkennt dieselbe Kirchen als besondere Gesellschaften im Staate zu einem gesonderten Zwecke an, ein Prinzip, das, da es begrifflich die Koordination von Staat und Kirche bedingt, der Grundauffassung Gönners diametral entgegensteht. Gönner nennt dasselbe einen Widerspruch aus der Vernunft (§ 408 IV B. 2), da der Staat, dessen Zweck in der Veredelung der physischen und moralischen Welt besteht, in sich keinen weiteren Verein zu einem allgemeinen Zwecke koordiniert dulden könne (§ 275 IX). Der Staat könnte so überhaupt nicht bestehen (§ 408 l. c.), weil, wie Stephani a. a. O. S. 23 ff. diesen Gedanken näher erläuternd, erklärt, im Falle wirklicher Koordination die beiden Kräfte sofort „ihr Spiel um das Übergewicht beginnen würden“ und die tatsächliche Gleichordnung nur der „augenblickliche Zustand des Anfanges eines Krieges zwischen beiden“ wäre, welch' letzterer ohne Zweifel auch zugunsten der kirchlichen Gewalt ausfallen müſste. Man hat deshalb, so sagt Gönner weiter, zu der Darstellung der Kirche als einer dem Staate subordinierten Gesellschaft sich verstehen müssen und hat so der Staatsgewalt negative Rechte über die Kirche, das sog. jus circa sacra zugesprochen.

Dieses jus circa sacra, das in sich enthält das Aufnahmsrecht einzelner Glaubensgenossen oder einer Kirche in den Staat (jus reformandi), ferner das Schutzrecht rezipierter Kirchen (advocatio) und das Oberaufsichtsrecht (jus cavendi)[1], bildet also den hauptsächlichsten Inhalt der Kirchengewalt des Staates, der Kirchenhoheit (§ 408 IV B. 3).

Nun konnte aber der Staat, so führt er weiterhin aus, sich mit diesen bloſs negativen Rechten nicht begnügen, sah sich vielmehr gezwungen, auch positiv auf die Kirche einzuwirken (§ 408). Und diese positive Einwirkung rechtfertigt sich nach ihm mit der Auffassung von Religion und Kultus als Anstalten zur sittlichen Bildung der Staatsbürger — also eine Annäherung im positiven Recht an das Grundprinzip Gönners! (§ 408 IV A.)

Die Kirchenhoheit ist enthalten wie in der Reichgewalt, so auch in der Territorialgewalt. Im Reiche steht sie dem Kaiser in Verbindung mit den Ständen zu; dem Kaiser allein gebührt lediglich die Ausübung und Vollziehung gültiger reichsgesetzlicher Bestimmungen (§ 409). In dem einzelnen Territorium ist die Gewalt über die Kirchen in dem Komplexe der dem Landesherrn zustehenden Herrscherrechte enthalten (§ 410), an den Konsens der Landstände ist der Landesherr bei Ausübung derselben nicht gebunden.

Der Charakter der Gewalt über die Kirche als eines Hoheitsrechtes bringt es auch mit sich, daſs dritte Personen auf die Ausübung derselben nur auf Grund besonderer landesherrlicher Genehmigung Anspruch machen können (§ 417 III).

Um nun ein richtiges Bild von den Anschauungen Gönners über die eine Seite der Kirchenhoheit, das Verhältnis des Staates zur Kirche, zu gewinnen, erscheint es geboten, des näheren auf den Inhalt und Umfang der aus der Kirchengewalt des Staates flieſsenden Rechte, auf die

---

[1] Vergl. auch: Über Veränderungen der Religionsübung gegen den Zustand des Normaljahrs. Landshut 1802. S. 13 f.

Darstellung der von ihm der Kirche gegenüber zugewiesenen Befugnisse einzugehen.

Gönner kennt im Prinzipe für die Staatsgewalt eine Schranke nur insoweit, als es derselben nicht gestattet ist, der Gewissensfreiheit einen Zwang anzutun und in das Innere des Glaubens, in die Glaubenslehren einzugreifen (§§ 410 IV, 415 I, 408 IV Anm. 1; auch § 3 seiner Abh. „über Veränderung der Religionsübung etc." S. 14).

Im übrigen aber steht dem Staate eine Einwirkung auf alles zu, „was in das äufsere Einflufs hat" (§ 415 II). Insbesondere bietet ihm hier das in dem jus circa sacra enthaltene Oberaufsichtsrecht des Staates über die Kirche die Handhabe, um die weitestgehenden Befugnisse der Staatsgewalt den Kirchen gegenüber zu statuieren und auch zu rechtfertigen.

Dasselbe enthält vor allem das Recht der Überwachung und Prüfung aller Gesetze und Anordnungen der Kirche, was in sich schliefst die Befugnis, dieselben unter Umständen zu unterdrücken (§ 409 IV) und der Kirche selbst im Staate deren Beobachtung zu untersagen (§ 410 IV).

Es ist eine notwendige Folge dieses Prinzips, dafs dem Staate so überhaupt das Recht zugesprochen werden mufs, sämtliche Anordnungen der geistlichen Gewalt, soweit sie nicht in das eigentliche Glaubensgebiet einschlagen, in ihrer Wirksamkeit von seiner Beistimmung abhängig zu machen, sie an sein placetum zu binden (§§ 415 VI, 410 IV), das er, wenn das Staatsbedürfnis es erheischt, jederzeit zurückzunehmen befugt ist (§ 415 VI).

Unter den aus dem ius cavendi sich herleitenden einzelnen Rechten des Staates hat Gönner noch im besonderen hervorgehoben die Befugnis, die kirchliche Zwangs- und Strafgewalt, auch soweit dieselbe die eigentlichen Kirchendiener betrifft, nach jeder Richtung seiner Aufsicht zu unterstellen, also vor allem die von derselben verhängten Strafen seiner Nachprüfung zu unterwerfen (§§ 410 IV, 415 IV), ferner das Recht, die kirchlichen Anstalten zu beaufsichtigen

(§ 415 VII 1), ebenso wie die Befugnis, auf die ordentliche und zweckmäſsige Verwaltung und Verwendung des Kirchengutes, des eigentlichen Kultusvermögens, sein stetes Augenmerk zu richten (§§ 415 VIII 4, 421 II).

Tatsächlich begnügt sich nun aber der Staat mit diesen bloſs negativen Rechten des jus circa sacra (cfr. hierüber oben!) nicht, er sieht sich vielmehr gezwungen, „den Kultus als moralische Bildungsanstalt, Priester als Volkslehrer zu behandeln und nach weisen Grundsätzen der Staatsökonomie auch positiv darauf zu wirken“ (§ 408 I). Zu den wichtigsten Ausflüssen dieses Rechtes der positiven Einfluſsnahme der Staatsgewalt auf die Kirche und die kirchlichen Verhältnisse zählt vor allem das Recht, mit der anordnenden Gewalt auf die kirchlichen Anstalten zu wirken, „um sie dem Zwecke des Staates und der Religion anpassender zu machen“, ein Recht, das eine Reihe von Befugnissen in sich enthält (vergl. § 415 VII 3 ff.), wie Verteilung der Pfarreien, Regelung der Besoldungen, Abschaffung wie Aufnahme von Orden im Staate etc.

Vom Gesichtspunkte des Staatsbesten steht dem Staate hiernach auch das Recht zu, Anordnungen über den Kultus zu treffen und insbesondere kirchliche Miſsbräuche in dieser Beziehung zu beseitigen (§ 415 III).

Die Staatsgewalt erscheint überdies befugt, in den sogenannten gemischten Angelegenheiten d. h. über geistliche Sachen, welche mit dem Weltlichen zusammenhängen, Gesetze mit Wirksamkeit auch für das innere Forum zu geben (§ 415 VI 4).

Da von Gönners Grundanschauung aus die Kirchendiener im Verhältnisse zum Staate als dessen Gehülfen bei Förderung der moralischen und intellektuellen Kultur erscheinen, so muſs naturgemäſs dem Staate verstattet sein, seinen Einfluſs bei deren Anstellung geltend zu machen, dieselben seiner Befehls- und Zwangsgewalt jederzeit zu unterwerfen und unter Umständen auch ihre Entfernung aus dem Staate zu verfügen (cfr. hierüber § 415 IV, V; 410 IV 3).

Dafs Gönner noch rücksichtlich der geistlichen Güter, ausgehend von dem Satze, dafs dem Staate auch die Mittel, seinem Wohlfahrtszwecke zu genügen, an die Hand gegeben werden müfsten, erklärt, dafs dieselben, soweit sie nicht unmittelbar Kultuszwecken dienen, als Staatsgut anzusehen seien (§ 415 VIII), ist bei seinen sonstigen Anschauungen, vor allem aber mit Rücksicht auf die politischen Verhältnisse seiner Zeit, des Zeitalters der Säkularisationen, wohl nicht befremdlich. —

Bei der tatsächlich bestehenden engen Verbindung der protestantischen Kirche mit dem Staate (vergl. § 416 insb. IV—VI) bestand für Gönner naturgemäfs keine Veranlassung, die Rechte des Staates der Kirche gegenüber hier in gleich eingehender Weise zu behandeln.

Den Tendenzen des in der katholischen Kirche herrschenden hierarchischen Systems gegenüber, das in seinen Konsequenzen überhaupt jegliches Recht des Staates mit Bezug auf die Kirche negiert, hat er aber, wie sich ergab, die Rechte des Staates energisch und konsequent verfochten, und getreu seiner Grundanschauung von der erstrebenswerten absoluten Einheit von Staat und Kirche erscheint er als eifriger Vorkämpfer für die Idee einer möglichst weitgehenden Unterordnung der Kirche unter den Staat, soweit dieselbe überhaupt innerhalb der Schranken des positiven Rechtes nur möglich erscheint.

Diese seine Stellungnahme in dem alten Streite zwischen Staat und Kirche lediglich aus subjektiven, persönlichen Momenten erklären zu wollen, müfste durchaus unzulänglich erscheinen; nur die politischen und kirchenpolitischen Verhältnisse seiner Zeit vermögen ein genügendes Erklärungsmoment für diese seine kirchenstaatsrechtlichen Ausführungen abzugeben.

Die politischen Umwälzungen zu Beginn des Jahrhunderts, die durch die Abtretung des linken Rheinufers im Lüneviller Frieden herbeigeführten Veränderungen im Bestande der einzelnen deutschen Territorialstaaten, vor allem die damit in Zusammenhang stehenden, im Reichsdeputationshauptschlufs vorgenommenen Säkularisationen der vorhandenen geistlichen Herrschaften hatten, wie bereits oben erwähnt, die Notwendigkeit einer Neuregelung der kirchlichen Verhältnisse ergeben; Macht und Einflufs der Kirche waren bedeutend zurückgedrängt, das Selbstbewufstsein der staatlichen Gewalt aber mächtig gehoben worden.

Klar und weit blickende Männer, an ihrer Spitze der Kurerzkanzler Karl Theodor v. Dalberg, glaubten so den Zeitpunkt gekommen, die kirchlichen Verhältnisse in Deutschland von Grund aus umzugestalten und unter Benutzung der veränderten Machtverhältnisse auf nationaler Grundlage neu aufzubauen. Die möglichste Loslösung der deutschen Kirche aus den hierarchischen Banden der römischen Kurie, eine engere Verbindung derselben mit dem Reiche bezw. den einzelnen Territorialstaaten, im endlichen Ziele die Schaffung einer deutschen Nationalkirche war das von einflufsreichen politischen Faktoren und nicht zuletzt von dem gröfsern Teile der gebildeten katholischen Welt in Deutschland unterstützte Streben dieses bedeutenden deutschen Kirchenfürsten. Zu den überzeugtesten und auch bedeutendsten Vorkämpfern für diese Bestrebungen zählt Gönner! —

Was nun seine kirchenstaatsrechtlichen Ausführungen im einzelnen anlangt, so gaben für dieselben die in verschiedenen, speziell den süddeutschen Territorialstaaten gegebenen positivrechtlichen Verhältnisse die Beispiele an die Hand. Für Gönner nächstliegend waren die Verhältnisse in Bayern und wenn er vor allem in dem mehrfach zitierten § 415 dem „Wirkungskreis der landesherrlichen Gewalt" eine ganz besonders eingehende Darstellung gewidmet hat, so hat er, wie sich zeigen wird, damit eigentlich nur den Rechten, welche gerade hier die Regierung, die Staatsgewalt der Kirche gegenüber tatsächlich in Anspruch nahm, eine allgemeine Fassung gegeben. In Bayern war mit dem Regierungsantritte Max Josephs IV. unter Montgelas' Leitung mit dem kurialistischen System, das unter dem Kurfürsten

Karl Theodor geherrscht hatte, gebrochen worden; die Staatsgewalt hatte sich von der Unterordnung unter die kirchliche Gewalt befreit und „trat derselben als souverän mit dem Anspruche gegenüber, das Verhältnis zur Kirche nach eigenem Ermessen und durch die eigene Gesetzgebung zu bestimmen[1]." Es wurde so vor allem das staatliche Oberaufsichtsrecht über die Kirche mit Schärfe und Strenge geübt, die rechtlichen Wirkungen kirchlicher Verfügungen wurden schlechthin von der Genehmigung derselben durch den Staat abhängig gemacht und zu diesem Behufe insbesondere das bereits bestehende Placet auch in der Form verschärft[2]. — Der Kirche wurde jegliche Einflufsnahme auf das weltliche Gebiet versagt und von diesem Standpunkte aus vor allem bei den durch die Zuteilung der säkularisierten geistlichen Gebiete veranlafsten Neuorganisationen alle Gegenstände, „welche aus der Landeshoheit fliefsen und nicht unbestritten zu dem obersten Hirtenamte ausschlüssig gehören", den geistlichen Behörden entzogen[3]. Aber auch in den rein geistlichen Angelegenheiten des Gewissens und der Religionslehre beanspruchte der Staat ein gewisses Oberaufsichtsrecht zur Beseitigung allenfallsiger, dem Wohle des Staates nachteiliger Mifsbräuche. — Es ist von besonderem Interesse, hier eine der wichtigsten prinzipiellen Äufserungen der bayrischen Staatsregierung über das Verhältnis von Staat und Kirche, die unterm 7. Mai 1804 erlassene Verordnung, die Verhältnisse zur geistlichen Gewalt betr. (vergl. unten[4]) anzuziehen. Vergleicht man

[1] Vergl. Sicherer, Staat und Kirche in Bayern von 1799—1821. S. 24.

[2] Sicherer a. a. O. S. 36 f.

[3] Sicherer a. a. O. S. 34.

[4] Dieselbe lautet in der Hauptsache: „Wir haben schon mehrmals unsern ernstlichen Willen bekannt gemacht, dafs die geistliche Gewalt in ihrem eigentlichen Wirkungskreise nicht gehemmt werden und dafs unsere weltliche Regierung in ganz geistlichen Gegenständen des Gewissens und der Religionslehre sich nicht einmischen solle... Wir würden demnach gänzlich mifsverstanden werden, wenn man glauben könnte, dafs wir unsere weltliche Gewalt über Gegenstände des bischöflichen Oberhirtenamtes, über innere Kirchenangelegenheiten

sie mit den Ausführungen Gönners, so zeigt sich hier eine auffallende, bis ins einzelne gehende Übereinstimmung; man ersieht, daſs die bei der bayrischen Staatsregierung damals herrschenden Auffassungen sich völlig, auch in den Einzelheiten, mit den von Gönner propagierten Anschauungen decken. Gönner zeigt sich auch hier als der Vertreter der herrschenden Anschauungen und Ideen seiner Zeit.

Nachdem wir im vorstehenden die eine Seite der Kirchenhoheit, das Verhältnis des Staates zur Kirche betrachtet haben, erübrigt noch, die zweite Seite derselben, das Verhältnis der Staatsgewalt zu den Untertanen kurz zu berühren.

Wie bereits wiederholt hervorgehoben, zählt nach Gönner die Sorge für Moral und Kultur der Staatsangehörigen, die Pflege und Förderung von Tugend und Religion unter den Untertanen zu den wichtigsten und vornehmlichsten Aufgaben des Staates. Hierbei ist es für Gönner allerdings mehr das staatliche als das religiöse Interesse, das diese Aufgabe des Staates bedingt.

Die in diesem Zusammenhange von der Publizistik seit der Zeit der Reformation viel erörterte und je nach dem Standpunkte des einzelnen Schriftstellers verschieden beantwortete Frage nach der Stellungnahme des Herrschers, des Landesherrn zu den Andersgläubigen, den Angehörigen einer andern Konfession hat auch Gönner eingehender behandelt. Aber er vermeidet es, hier in allgemeinen Er-

---

weiter ausdehnen wollten, als um Miſsbräuche, die dem Wohle des Staates nachteilig werden könnten, abzuhalten ... Dagegen werden wir aber auch nie dulden, daſs die Geistlichkeit und irgend eine Kirche einen Staat im Staate bilde, daſs dieselben in ihren weltlichen Handlungen und mit ihren Besitzungen den Gesetzen und den gesetzmäſsigen Obrigkeiten sich entziehe; wir werden die Rechte unserer obersten Aufsicht immer strenge ausüben lassen; wir werden unsere landesfürstliche Mitwirkung in Gegenständen, welche zwar geistlich sind, aber die Religion nicht wesentlich betreffen und zugleich irgend eine Beziehung auf den Staat und das weltliche Wohl der Einwohner desselben haben, nicht ausschlieſsen lassen, wie wir die Seelsorger als Volkserzieher in Religion und Sittlichkeit, nicht als bloſse Kirchendiener, sondern zugleich als Staatsbeamte betrachten."

örterungen sich zu ergehen, er beschränkt sich strikte auf die Darstellung der bestehenden Rechtsverhältnisse, des positiven Rechtes (§§ 418 ff. dann insbes. die bereits zitierte Abhandlung „Über Veränderungen der Religionsübung gegen den Zustand des Normaljahres.“ 1802).

So erklärt er im Einklang mit dem instrumentum pacis Osnabrucensis das „Reformationsrecht“ id est das Recht, die Religionsübung im Lande zu bestimmen, als Ausfluſs der Landeshoheit (§ 418 II, Abh. § 13), bei dessen Ausübung jegliches Mitwirkungsrecht der Landstände ausgeschlossen ist (§ 418 und insbes. Abh. §§ 48—50).

Er behandelt dasselbe mit den durch das Normaljahr 1624 gegebenen Beschränkungen als noch vollständig zu Recht bestehend und erachtet so den Landesherrn auch noch berechtigt, die nicht seiner Religion angehörenden Untertanen zur Auswanderung zu zwingen (§ 420 III, Abh. § 39).

Allerdings erscheinen ihm diese Bestimmungen mit dem Geiste seiner Zeit teilweise nicht mehr vereinbar, und bei der letzterwähnten, aus dem Reformationsrecht des Landesherrn flieſsenden Befugnis hat er dies schön und überzeugend ausgesprochen, indem er sagt (Abh. § 39 S. 114): „Ohne eben den bloſsen Nutzen zum Erkenntnisgrund des Rechtes zu machen, glaube ich, daſs der Regent nach allgemeinem Staatsrecht jede dem Staate nicht gefährliche Religion dulden müsse, und keinem solchen Untertan wegen Religionsverschiedenheit das Auswandern befehlen könne, ohne zu unterscheiden, ob sonst wenige oder ob viele Untertanen auswandern würden. Allein hier entfernt sich die deutsche Staatsverfassung vom Ideal eines Staats, welches uns das allgemeine Staatsrecht liefert, der ausdrückliche Buchstabe der Grundgesetze spricht dem Landesherrn nun einmal diese Rechte zu, und wir, die wir nur nach bestehenden Gesetzen über Rechtsverhältnisse urteilen können, sind nicht befugt, durch heterogene Gründe genau bestimmte Rechte zu deraisonnieren, sondern wir müssen sie nach den Gesetzen mit der Überzeugung erkennen, dafs ein guter einsichtsvoller Regent die ihm zugesprochenen Rechte niemals mit unpolitischer Strenge geltend machen werde."

§ 22. m. Die Finanzgewalt.

Als letztes der von ihm aufgeführten Hoheitsrechte erörtert Gönner die Finanzgewalt.

Die Publizistik des 17. und 18. Jahrhunderts hatte dieses Hoheitsrecht, dem Beispiele Bodins folgend, meist unter dem engeren Gesichtspunkte des „Besteuerungsrechtes" behandelt. Als Souveränetätsrecht glaubte sie dasselbe den nicht souveränen Territorialfürsten zu eigenem Rechte nicht zusprechen zu können und hatte demzufolge, nachdem es doch von diesen tatsächlich uneingeschränkt nicht blofs nach der rein fiskalischen, sondern auch nach der politischen Seite ausgeübt wurde, sich auch hier mit der Konstruktion der Übertragbarkeit des Souveränetätsrechtes zu behelfen gesucht, das landesherrliche Besteuerungsrecht also aus der Reichsgewalt hergeleitet.

Für Gönner bestand bei seiner Auffassung der Landeshoheit als höchster Gewalt im Sinne des allgemeinen Staatsrechts dieses Bedenken nicht; er teilt die Finanzgewalt der Landeshoheit ebenso wie der Reichsgewalt zu und scheidet nach der ganzen Systematik seines Werkes auch hier zwischen einer Reichs- und einer Territorialfinanzgewalt (§ 436).

Als staatliches Hoheitsrecht rechtfertigt auch er die Finanzgewalt mit der Notwendigkeit der Deckung der im Staate zur Erfüllung des Staatszweckes notwendig werdenden Bedürfnisse. Der Staat bezw. der Regent hat die Pflicht und damit auch das Recht, für alle Staatsbedürfnisse Sorge zu tragen und zu diesem Behufe die sämtlichen im Staate vorhandenen Kräfte und Mittel zu benützen (§ 435). Dabei haben jedoch, und das ist einer der wichtigsten Grundsätze bei Ausübung dieses Hoheitsrechts, die von der

Staatsgewalt herangezogenen Mittel stets in einem entsprechenden Verhältnisse zu dem Umfange der sich ergebenden Bedürfnisse zu stehen. Gönner spricht dies in seinen einleitenden Bemerkungen (§ 432) aus, wenn er sagt: „Die Bedürfnisse des Staates als Zweck und die Staatseinnahmen als Mittel stehen in einem so engen Verhältnisse, daſs von jenen auf diese streng bindend geschlossen werden kann.“ Der Regent ist demzufolge in auſserordentlichen Fällen, wenn auſsergewöhnliche Bedürfnisse sich ergeben, auch zu auſserordentlichen Mitteln zu greifen berechtigt (§§ 435 I, 459), und wenn hierbei auch noch gewisse Rücksichten bei Auswahl der Mittel, insbesondere in der Art der Verteilung der auf die Untertanen zu diesem Behufe zu legenden Lasten, zu nehmen sind, so besteht doch im Prinzip hier für die Staatsgewalt keine Schranke insofern, als dieselbe im äuſsersten Falle, im Falle sogenannter Staatsnot, berechtigt erscheint, sich nach dem Grade der Gefahr aller Mittel zu bemächtigen, wo immer sie dieselben findet (l. c.), also ohne Rücksicht auf das Privateigentum und sonstige wohlerworbene Rechte der Untertanen (§ 459. Über das dominium eminens vgl. oben unter „Entbundenheit vom Gesetz“).

„Im ordentlichen Zustande“ aber obliegt es dem Regenten, unter Rücksichtnahme auf die vorhandenen Staatskräfte für die verschiedenen Staatsbedürfnisse gleichmäſsig in der Weise Sorge zu tragen, daſs zunächst die notwendigen unter denselben, alsdann die nützlichen ihre Befriedigung finden (§ 435 II). Aber auch im Gebrauch der Mittel ist eine gewisse Gradation, eine genau bestimmte Reihenfolge einzuhalten, und zwar ist zunächst das, was an Mitteln zu besonderen Zwecken im Staate vorhanden ist, zu verwenden (§§ 435 III, 434 IV B). In zweiter Linie sind zur Deckung der Bedürfnisse der einzelnen staatlichen Institutionen die aus denselben dem Staate erwachsenden Einkünfte heranzuziehen (§ 435, vgl. auch § 434 IV C). Alsdann kommt das eigentliche Staatsvermögen, Domänen u. s. w. (vgl.

§ 434 IV A) an die Reihe. Erst in letzter Linie kommen die Beiträge der Untertanen, die Steuern, in Betracht (§ 435 III).

Das Besteuerungsrecht greift also erst nach Erschöpfung aller übrigen im Staate vorhandenen Mittel Platz, die Steuer bildet eine durchaus subsidiäre Einnahmequelle des Staates.

Wenn Gönner hier bezüglich der Subsidiarität der Steuern im Einklange mit den Anschauungen der bedeutendsten Finanztheoretiker der zweiten Hälfte des 18. Jahrhunderts, vor allem mit Justi und Sonnenfels sich befindet[1], so ist er doch über dieselbe insofern hinausgegangen, als nach ihm Steuern keineswegs mehr lediglich als aufserordentliche Einkünfte des Staates erscheinen, vielmehr schon „im ordentlichen Zustande" zur Bedürfnisbefriedigung herangezogen werden können (§ 435 II, III). Diese Auffassung war übrigens durch die tatsächlichen Verhältnisse bedingt. Die fortwährenden Kriege zu Ende des 18. und zu Beginn des 19. Jahrhunderts, die daran sich anschliefsenden politischen und auch wirtschaftlichen Umwälzungen, vor allem aber das mit der in seine Zeit fallenden Entstehung des modernen Staates mächtig sich entwickelnde innerstaatliche Leben, die potenzierte Tätigkeit des Staates auf allen Gebieten des geistigen und materiellen Lebens hatten die Staatsbedürfnisse in ungeahnter Weise vermehrt und damit eine aufserordentliche Steigerung der Staatsausgaben herbeigeführt, die ihre Deckung durch die blofsen Erwerbseinkünfte des Staates nicht mehr finden konnten; die Steuer war bereits zur Deckung der ordentlichen Bedürfnisse unumgänglich notwendig geworden. (Vergl. auch seine Ausführungen § 454 I, II.)

Rechtlich betrachtet erscheinen nun die Steuern nach Gönner als Äquivalent für die Leistungen des Staates zugunsten des Einzelnen wie der Gesamtheit. Er führt in dieser Beziehung § 434 V aus, dafs bei der Besteuerung

---

[1] Vergl. Eheberg, Finanzwissenschaft S. 27.

das Vermögen aller Individuen als Vermögen des Staates betrachtet werde und dafs der Staat „mit vollem Rechte von der Gesamtheit oder den Individuen dasjenige erhebe, was für sie hoheitlich aufgewendet wurde“ (vergl. hierher auch § 458 V). Von diesem Gesichtspunkte aus spricht er auch beispielsweise von allgemeinen Steuern, welche als Entschädigung anzusehen sind für diejenigen Leistungen des Staates, die jedem Bürger in gleichem Mafse zum Vorteil gereichen, während er zu den besonderen Steuern vor allem diejenigen gerechnet wissen will, die für den Aufwand zu leisten sind, der „einigen Individuen vor anderen Bürgern vorzüglich nützt“. Es tritt also hier bei der Frage nach dem Rechtsgrunde der Steuerpflicht ein mehr civilrechtliches Moment, das Verhältnis von Leistung und Gegenleistung, hervor. Gönner befindet sich auch hier mit der herrschenden Staatslehre seiner Zeit im Einklang. Die Auffassung der Steuer als Preis für die Vorteile, die dem Einzelnen der staatliche Verband gewährt, war mit der Lehre von der Vertragsnatur des Staates entstanden [1] und bildete auch logisch eine notwendige Konsequenz der Auffassung des Staates als eines sozietätenähnlichen Gebildes. Der Umstand, dafs Gönner, wie früher dargetan, zu der Zeit, da er sein Teutsches Staatsrecht schrieb, im Grunde noch zu der Staatsauffassung der Naturrechtsschule sich bekannte, läfst hier seine Anschauung als durchaus konsequent erscheinen. So leitet sich also recht eigentlich die Steuerpflicht der Untertanen, wie auf der andern Seite das Besteuerungsrecht des Staates unmittelbar aus der Natur des Staates her und es findet sich denn auch bei Gönner an anderer Stelle (§ 456) der Satz, dafs „der Charakter eines Staats“ es sei, der für die Territorien ebenso wie im Reiche die Verpflichtung der Untertanen, zur Bestreitung wahrer Landesbedürfnisse beizutragen, hervorbringe.

---

[1] Eheberg a. a. O. S. 121.

Wie sich schon aus den Worten „wahre Landesbedürfnisse“ ergibt, liegt nach Gönner eine natürliche Grenze für das Besteuerungsrecht des Staates, der souveränen Gewalt darin, dafs nur für solche Aufwendungen, welche die Notdurft des Staates wirklich erheischt, nur für „notwendige Staatsausgaben“, niemals aber nach blofser Willkür, Beiträge von den Untertanen gefordert werden können (§ 456 V. VI, auch § 455), und in diesem Sinne scheidet er auch zwischen notwendigen und freiwilligen Steuern, zu welch' letzteren er solche Leistungen zählt, welche „zu willkürlichen und das Landesbeste nicht bezielenden ... Zwecken verwendet werden sollen“, wie Bewilligungen für Hof- und Familienfeste, Leistungen zu Landtrauer und Beerdigungskosten beim Tode eines regierenden Fürsten u. s. w.

Vor allem aber liegt eine Beschränkung der souveränen Gewalt in Bezug auf dieses Hoheitsrecht in dem Mitwirkungsrechte der Stände, das hier, wie wohl bei keinem andern Souveränetätsrechte von besonders einschneidender Bedeutung war und allgemein geübt und auch anerkannt wurde.

Wie im Reiche der Kaiser einseitig ohne Mitwirkung des Reichstages keine Steuern ausschreiben durfte (§ 442 I), so war auch in den Territorien und zwar kraft positiver Bestimmung der Reichsgesetze (cfr. § 255 Abs. 2) der Landesherr an die Beistimmung der Stände gebunden (§ 457 II); in denjenigen Territorien aber, in denen Landstände nicht vorhanden waren, der Landesherr also ohne konstitutionellen Einflufs eines dritten Subjekts regiert, ist derselbe gehalten, den Untertanen den Zweck der ausgeschriebenen Steuern kund zu tun und über deren Verwendung, falls dieselben es fordern, Rechenschaft abzulegen (§§ 249, 457 II).

Doch hat Gönner hier, seinen politischen Anschauungen entsprechend, damit aber auch zweifellos im Interesse einer gedeihlichen Entwicklung des politischen und staatlichen

Lebens dem Mitwirkungsrechte der Stände besonders nach der negativen Seite hin gewisse Grenzen gezogen. Vor allem wendet er sich hier gegen die Auffassung, als ob aus dem Rechte der Zustimmung der Stände zur Erhebung der Steuern ein unbeschränktes Steuerverweigerungsrecht derselben sich ableiten liefse. Schon die Geschichte des Steuerwesens spricht seiner Anschauung nach hiergegen. Aus dieser sucht er zu diesem Zwecke zunächst die weit verbreitete Annahme, dafs die Steuern aus ursprünglich freiwilligen Leistungen der Untertanen infolge öfterer Wiederholungen zu Verbindlichkeiten geworden seien, als eine durchaus irrtümliche zu erweisen (§ 454 I u. Anm. v). Die Steuern waren vielmehr nach seiner Erklärung „eine notwendige Folge der wahren Staatsverwaltung, welche nach dem Sturze der Feudalanarchie in Deutschland eintrat, im Reiche und in den Territorien viele Staatsbedürfnisse herbeiführte, zu deren Befriedigung im Mangel anderer Quellen Beiträge der Untertanen gefordert werden mufsten.“ Die Stände sind demnach, so führt er (§ 457 II) aus, verpflichtet, das Notwendige zu bewilligen und sollten sie ungerechtfertigter Weise dasselbe verweigern, so ist der Landesherr berechtigt, den Konsens derselben durch ein Reichsgericht supplieren zu lassen, unter Umständen auch, wenn dringende Verhältnisse es erheischen, provisorisch die notwendigen Steuern zu erheben, damit nicht aus Mangel an Mitteln die Staatsverwaltung ins Stocken gerate!

Dafs in dringender Gefahr und wenn „die Verwendung zum Landesbesten“ es erheischt, der Landesherr überhaupt nicht gehalten ist, um den Konsens der Stände einzukommen, ist eine Folge des dominium eminens (§ 459 V. VI).

Durchaus klar und konsequent von seinen allgemeinen Anschauungen aus erscheint die Stellungnahme Gönners bezüglich der Steuerfreiheit einzelner Individuen oder bestimmter Klassen im Staate. Sind die Steuern als Äquivalent für die Leistungen des Staates anzusehen, so widerstreitet eine Steuerfreiheit der Vernunft (§ 458 V), denn das Verhältnis im Staate würde solchenfalls einer societas leonina gleichen, da die Privilegierten die Vorteile, welche der Staatsverein bietet, ohne Gegenleistung auf Kosten der Übrigen zu geniefsen in der Lage wären. Steuerfreiheiten sind demgemäfs prinzipiell zu verwerfen und können infolgedessen auch weder durch Vertrag noch durch ein Privilegium noch auch durch Verjährung erworben werden.

Nun liefs sich aber allerdings nicht über die Tatsache hinwegkommen, dafs im positiven Rechte eine Reihe von Steuerprivilegien, von Steuerfreiheiten bestand. Dafs Gönner diese von seinem Standpunkte aus, soweit man sie überhaupt als rechtsbeständig anerkennen wolle, nur mit den gröfsten Einschränkungen in Geltung belassen will, erscheint wohl verständlich (vergl. § 458 VI, VII).

Im übrigen aber sucht er den Kreis dieser Berechtigten dadurch zu verkleinern, dafs er sich bestrebt darzutun (§ 458 I, II), wie der gröfste Teil dessen, was man gemeiniglich Steuerfreiheit nenne, nur auf einem historischen Irrtume beruhe, da diese Befreiung lediglich eine Folge des Umstandes sei, dafs die anscheinend Privilegierten durch andere Leistungen ihrer Verbindlichkeit, zur Bestreitung der Staatsbedürfnisse beizutragen, teilweise sogar in einer über das gewöhnliche Mafs hinausgehenden Weise, genügt hätten — ein interessanter Versuch, der aber allerdings, wenigstens bezüglich der Steuerfreiheiten der Städte und geistlichen Güter, kaum als mehr denn als solcher dürfte bezeichnet werden können.

V.

§ 23. Die Lehre von den Staatenverbindungen. (Der Bundesstaatsbegriff bei Gönner.)

Bei Darstellung der Lehre von den Staatenverbindungen eines der staatsrechtlichen Publizistik in der Zeit des alten deutschen Reichs, vor allem aber eines dem Ende der Reichszeit angehörenden Schriftstellers beansprucht in erster

Linie die Stellungnahme desselben zu der Frage nach dem Charakter der Staatsverfassung des Reichs eine besondere und eingehendere Betrachtung. Bildeten doch die Versuche zur Beantwortung dieser Frage tatsächlich den Ausgangspunkt für tiefergehende Untersuchungen über Wesen und Natur der Staatenverbindungen überhaupt, im besonderen aber für die Schaffung und Fortentwicklung des im vorigen Jahrhundert mächtig sich entfaltenden Begriffes eines aus Staaten zusammengesetzten Staates, der bis zum heutigen Tage noch nicht abgeschlossenen Lehre vom Bundesstaate. Seit dem mächtigen Emporblühen der Territorialstaaten, mit dem Zurückdrängen der Macht und des Einflusses des Gesamtstaates, des Reiches, mit der dadurch bedingten Verdrängung des bis dahin für das Reich festgehaltenen Begriffs des Einheitsstaates hatte die Erörterung dieser Frage in der Literatur einen breiten Raum eingenommen. Man verschloſs sich nicht der Bedeutung, welche die richtige Beantwortung dieser Frage nicht nur für die Darstellung des positiven deutschen Staatsrechts, sondern auch für das allgemeine Staatsrecht haben muſste, und Joh. Jak. Moser blieb um deswillen auch mit seiner Anschauung, daſs die Frage nach der Staatsform des deutschen Reichs zu den unfruchtbaren Wortstreiten zu zählen sei, allein. (Vgl. hierüber auch Gönner § 87 T.St.R.)

In den einleitenden Bemerkungen zu seiner Abhandlung über das rechtliche Prinzip der deutschen Territorialverfassung (1803) hatte Gönner schon ausdrücklich darauf hingewiesen, wie die deutsche Verfassung soviel Eigentümliches an sich habe, daſs sie mit keinem andern europäischen Staate verglichen werden könne. In seinem Teutschen Staatsrecht erörterte er dies in ausführlicherer Weise. Er sagt § 2 l. c.: „Das einzige Beispiel seiner Art liefert es — Teutschland — dadurch, daſs es als ein Staatskörper aus mehreren Staaten besteht, welche nicht durch einen Staatenbund, sondern durch einen Verein unter einer gemeinsamen obersten Staatsgewalt, folglich als ein Staat zusammenhängen. Jeder dieser Teile wird zwar durch eine eigene Staatsgewalt, Landeshoheit regiert, diese aber ist der höheren Staatsgewalt des Ganzen, der Reichshoheit subordiniert, weshalb unter den Bestandteilen des teutschen Staats die Partikularstaaten, Territorien, ausgezeichnet werden müssen, durch welche seine Verfassung in Aufstellung einer subordinierten Staatsgewalt vom Ideale des allgemeinen Staatsrechts sich in hohem Grade entfernt."

Es zeigt sich so auf den ersten Blick, daſs Gönner bei Erklärung des Charakters der deutschen Staatsverfassung die bundesstaatliche Idee zugrunde gelegt hat. Er verwirft ausdrücklich die Annahme, daſs Deutschland einen Staatenbund, ein System föderierter Staaten darstelle (vgl. auch § 88), wo jeder verbündete Staat einen selbständigen, in sich unabhängigen Verein bildet (Prinz. d. t. T.V. S. 20), es bilde vielmehr rechtlich nur e i n e n Staat (ebenda), jedoch ist es nicht ein Einheitsstaat, sondern ein aus mehreren Staaten zusammengesetzter Körper (§ 4), wobei die einzelnen Gliedstaaten durch einen wahren Staatsverein zusammenhängen, vermöge dessen zwar jeder im Subordinationsverhältnis, in staatsrechtlicher Unterwürfigkeit (Staatsrechtsdienstb. S. 18) zur höheren Reichsgewalt steht, aber doch einen eigenen Staat bildet (§ 90), der sogar in manchen Beziehungen im völkerrechtlichen Verhältnisse zu anderen Staaten steht (Staatsrechtsdienstb. S. 18. 21. 23, vergl. auch T.St.R. § 461).

Gönner ist auch hier der herrschenden Lehre seiner Zeit gefolgt.

Im 17. Jahrhundert war unter dem Einflusse Pufendorfs die auf einer strengen Souveränetätslehre basierende Meinung herrschend geworden, daſs als normale Formen der Staatenverbindungen überhaupt nur die Personalunion und der Staatenbund erachtet werden könnten, daſs ein aus Staaten zusammengesetzter Staat logisch undenkbar sei. Das deutsche Reich, das sich unter diese Kategorien nicht eingliedern, andererseits aber auch nicht als Einheitsstaat bezeichnen liefs, mufste so als ein anormales Gebilde — monstro tantum simile, wie Pufendorf sagt, — erscheinen.

Pufendorf gegenüber hatte nun Pütter in seinen vielgenannten Abhandlungen über die Regierungsform des deutschen Reiches („Beyträge zum Teutschen Staats- und Fürstenrechte" 1777 insbes. Nr. II) die bundesstaatliche Idee, die übrigens schon vor Pufendorf überzeugte Vertreter gefunden hatte (vergl. unten), wieder aufgenommen und, ohne von den früheren Konstruktionen Kenntnis zu haben, neu und originär zur Darstellung gebracht. Wenn nun auch zur Neuschaffung dieser Lehre von dem aus Staaten zusammengesetzten Staate, ihm die Betrachtung der Verhältnisse des deutschen Reiches in erster Linie Veranlassung gegeben hatte, so hat er doch keineswegs deren Geltungsgebiet lediglich auf das positive deutsche Staatsrecht beschränkt; er mafs ihr vielmehr allgemein staatsrechtliche Bedeutung zu. Dies unterliegt nach seinen Ausführungen durchaus keinem Zweifel. Er sagt in den genannten Ausführungen ganz allgemein, dafs es wohl zweifellos Staaten geben könne, deren Regierung noch einer andern höhern Gewalt mit gewissen Bestimmungen untergeordnet sei (§ 15), dafs sie in eine solche Verbindung treten können, „dafs ein jeder zwar in seiner innerlichen Verfassung seine eigene Regierung mit allen Hoheitsrechten völlig behielte; aber dafs sie alle doch noch eine höhere gemeinsame Gewalt über sich hätten, welcher gewisse Hoheitsrechte allein vorbehalten blieben . . ." (§ 14) und er konstruiert damit eine „besondere Gattung von Staatsverfassung" (§ 15). Er beschränkt ausdrücklich die Entstehung einer derartigen staatlichen Vereinigung nicht auf den Fall, für den das deutsche Reich das Beispiel abgab — das allmähliche Zerfallen eines Einheitsstaates in mehrere besondere Staaten (§ 21), sondern er läfst die Schaffung derselben durch vertragsmäfsige Einigung mehrerer, vorher unabhängig neben einander bestehender, Staaten zu (§ 18). Der Bundesstaatsbegriff hat also bei Pütter allgemein staatsrechtliche Bedeutung.

Anders bei Gönner!

Auch er ist zwar mit Bezug auf das Reich den Pütterschen Konstruktionen gefolgt, auch für ihn hat also das Reich bundesstaatlichen Charakter, auch ihm erscheint dasselbe als ein aus Staaten zusammengesetzter Staat. Allein er hat diese Auffassung offensichtlich nur notgedrungen sich zu eigen gemacht. Für die Darstellung des positiven deutschen Staatsrechts konnte hier ja, wie bereits hervorgehoben, weder die Idee des absoluten Einheitsstaates noch auch die des eigentlichen Staatenbundes zugrunde gelegt werden, mit dem von der Pufendorfschen Schule eingeschlagenen Auswege der Auffassung und Behandlung des Reiches als eines anormalen Gebildes war naturgemäfs noch viel weniger weiter zu kommen. Nur auf Grund der Pütterschen Lehre konnte eine klare und zutreffende Darstellung der positivrechtlichen Verhältnisse gegeben werden. Und so hält denn Gönner mit den bedeutendsten Lehrern des positiven deutschen Staatsrechts seiner Zeit, mit Häberlin und Leist, an der bundesstaatlichen Auffassung fest.

Allein er fügt seinen mit Pütters Ausführungen im ganzen übereinstimmenden Darlegungen noch den Satz an, dafs so durch die Aufstellung einer subordinierten Staatsgewalt die Verfassung des deutschen Reiches vom Ideale des allgemeinen Staatsrechts in hohem Grade sich entferne (l. c.).

Dieser Satz, so bemerkt Brie in seiner Geschichte der Lehre vom Bundesstaate S. 29 Anm. 22, weicht einigermafsen ab von Pütters Ansicht. Das ist zweifellos richtig, allein diese Äufserung Bries besagt zu wenig für die prinzipielle Stellungnahme Gönners zur Lehre vom Bundesstaat, zu der durch Pütter neugewonnenen Idee des aus Staaten zusammengesetzten Staates. Diesem Satze Gönners liegt vielmehr eine prinzipiell verschiedene Auffassung zugrunde. Aus demselben mufs entnommen werden: Zwar ist die bundesstaatliche Konstruktion für die Erklärung des Charakters der Verfassung des Reiches an sich wohl zutreffend und brauchbar, allein dieselbe ist lediglich etwas Ausnahmsweises, sie ist nur durch die besonderen, ganz eigenartigen Verhältnisse, wie sie sich im Reiche entwickelt, bedingt und mag um deswillen auch der Darstellung des positiven deutschen Rechtes mit Fug und Recht zugrunde gelegt werden, allein mit den Lehren des allgemeinen Staatsrechts verträgt sich dieselbe nicht. Mit anderen Worten: Für Gönner ist die bundesstaatliche Theorie nichts weiter als ein Erklärungsmoment für die positivrechtlichen und tatsächlichen Verhältnisse im Reiche, nicht aber, wie bei Pütter, ein integrierender, neugewonnener Bestandteil der Lehren des allgemeinen Staatsrechts. Er beschränkt also ihre Geltung auf das deutsche Staatsrecht und spricht sich damit ausdrücklich gegen eine Verallgemeinerung der derselben zugrunde liegenden Sätze aus.

Gerade um deswillen kann Gönner hier nicht, wie Brie a. a. O. will, den unbedingten Anhängern Pütters zugezählt werden.

Den Beweis hierfür und zugleich den tiefern Grund für seine Stellungnahme gibt seine Souveränetätslehre.

Frägt man nach der Veranlassung und dem Grunde für die Neubelebung und Neukonstruktion des Bundesstaatsbegriffes gerade in der damaligen Zeit, so liegt derselbe vor allem in der seit der Mitte des vorigen Jahrhunderts eingetretenen Abschwächung des Souveränetätsbegriffes [1]. Der Bundesstaatsbegriff verträgt sich niemals mit einer strengen Souveränetätslehre; er kann sich nur entwickeln, wenn diese Einschränkungen, Modifikationen unterworfen wird. Gerade die scharfe Betonung der absoluten Einheit und vor allem der vollständigen Unabhängigkeit der souveränen Gewalt von jedwedem höheren Willen, also die strengste Souveränetätslehre, wie sie unmittelbar vor Pufendorf

---

[1] Dies betont insbes. Gierke, Althusius S. 249.

hauptsächlich durch Hobbes ausgebildet worden war, war es gewesen, die Pufendorf die Waffen in die Hand gegeben zu den vernichtenden Angriffen, die derselbe gegen die bereits früher durch Besold und Ludolph Hugo[1] in der Publizistik zur Geltung gebrachte bundesstaatliche Idee gerichtet hatte.

Sobald man aber von dieser strengen Auffassung zurückkam, war die Bahn frei für die Versuche, welche die Schaffung oder besser die Wiedererneuerung der bundesstaatlichen Idee zum endlichen Ziele hatten, — konnte und mufste auf Ickstadt, Kreitmayr und Nettelbladt[2] ein Pütter erstehen.

Was nun aber Gönner anlangt, so ergab sich früher, dafs derselbe, obgleich er bezüglich der Territorialgewalt, gezwungen durch die politischen und auch die positivrechtlichen Verhältnisse, die strenge Souveränetätslehre mit ihren Konsequenzen für die Darstellung des positiven Rechtes teilweise preisgegeben hat, doch im Prinzip, für das allgemeine Staatsrecht unerschütterlich und fest an der Auffassung der souveränen Gewalt als höchster, oberster und im Verhältnisse nach innen, wie nach aufsen einem höheren Willen nicht unterworfener Macht festgehalten hat.

Eine derartige Auffassung aber ist unvereinbar mit der Idee des Staatenstaates, des Bundesstaates, denn sie verträgt sich niemals mit der durch dieselbe bedingten Konstruktion einer „subordinierten“ Staatsgewalt, und dies kommt gerade bei Gönner zum Ausdruk, wenn er sagt, dafs dieses positivstaatsrechtliche Gebilde vom Ideale des allgemeinen Staatsrechts sich in hohem Grade entfernt.

Im positiven Recht verwertet er also die bundesstaatliche Idee, aus Gründen, die bereits oben dargetan — für das allgemeine Staatsrecht aber verhält er sich, gezwungen durch den von ihm festgehaltenen strengen Souveränetätsbegriff derselben gegenüber ablehnend — den prinzipiellen

[1] Vergl. hierüber Gierke a. a. O. S. 246; Brie a. a. O. S. 17 ff.
[2] Vergl. über diese Schriftsteller Gierke a. a. O.

Vertretern der auf föderalistischen Elementen aufgebauten bundesstaatlichen Idee kann und darf Gönner niemals zugerechnet werden.

Seine übrigen Ausführungen über Staatenverbindungen haben besondere Bedeutung nicht zu beanspruchen.

In seinem Teutschen Staatsrecht spricht er mit Bezug auf die deutschen Territorialstaaten von zusammengesetzten Staaten, Unionen.

Er unterscheidet unter diesen zwischen persönlichen und reellen Unionen. Der Begriff der Personalunion, für den ja die Geschichte und auch die damalige Zeit eine Reihe von Beispielen an die Hand gab — Pütter erwähnt in seinen Ausführungen unter den markantesten seiner Zeit England und Hannover, Ungarn und Böhmen — er war der Staatslehre, dem allgemeinen Staatsrechte längst geläufig. Gönner selbst definiert die persönliche Union an anderer Stelle (Staatsrechtsdienstb. S. 207) als eine zufällige Vereinigung zweier oder mehrerer Gebiete in der Person eines Landesherrn in der Weise, daſs jedes unter dem nämlichen Regenten seine eigene oberste Gewalt behält, also keine „Ländervereinigung“ vor sich geht.

Die „Ländervereinigung“ id est die Vereinigung der vorher verschiedenen Gebiete in einem Staat, „unter einer gemeinsamen obersten Gewalt“, sie bildet das Kriterium für die reellen Unionen.

Er versteht also hierunter keineswegs eine Vereinigung von Staaten in der Weise, daſs dieselben nur in bestimmten Beziehungen als eine Einheit, als ein staatliches Ganze erscheinen, um im übrigen selbständig neben einander fortzubestehen, nach ihm erscheint die Realunion überhaupt nicht als eine Staatenverbindung im eigentlichen Sinne des Wortes, es ist dieselbe vielmehr ein einziger Staat, wobei der Unionsbegriff lediglich historische Bedeutung hat, insofern er auf das Werden dieses Einheitsstaates, auf die Tatsache, daſs derselbe aus der Vereinigung mehrerer Staaten entstanden, hinweist [1], oder aber die auf diesem Entwicklungsprozefs beruhende gröfsere oder geringere selbständige Stellung einzelner Teile eines Staates innerhalb desselben zum Ausdruck zu bringen bestimmt ist.

Diese Auffassung, die gleichfalls auf Pütter zurückzuführen, teilt Gönner mit den sämtlichen Darstellern des deutschen Staatsrechts seiner Zeit, mit Schnaubert, Schlözer, Häberlin, Leist u. a. [2], mit einziger Ausnahme Klübers, dem es vorbehalten blieb, in der Folgezeit den Begriff, wie Pütter ihn aufgestellt, neu zu formulieren und damit die Grundlage für die moderne Theorie der Personal- und Realunion zu schaffen.

Gleichfalls auf Pütter (a. a. O. § 9 ff.) führt die Zweiteilung zurück, die Gönner unter den Realunionen trifft, die Scheidung in gleiche und ungleiche reelle Verbindungen, wobei er unter die ersteren diejenigen Staatenvereinigungen subsumiert, bei denen jeder von den unierten Staaten seine besondere Verfassung behält, während er unter die letzteren die bereits oben erwähnte „Zusammenschmelzung zweier Staaten in einen Staat" und das, wie er sagt, verderbliche Kolonialsystem rechnet (vergl. a. a. O. Anm. t).

---

[1] Dies ist zweifellos der Fall bei der „Zusammenschmelzung zweier Staaten in einen Staat", die er unter die ungleichen Unionen eingliedert.

[2] Vergl. Juraschek, Personal- u. Realunion. S. 17 Anm. 32.

Quellen.

Gönner, N. Th. von:

1. Entwicklung des Begriffes und der rechtlichen Verhältnisse deutscher Staatsrechtsdienstbarkeiten. Erlangen 1800.
2. Handbuch des deutschen gemeinen Prozesses. 2 Bände. Erlangen 1801.
3. Über Veränderungen der Religionsübung gegen den Zustand des Normaljahrs. Landshut 1802.
4. Gedanken über die Berichtigung des Lüneviller Friedens. 1802.
5. Über das rechtliche Prinzip der teutschen Territorialverfassung. Landshut 1803.
6. Inwieferne Zunft- und Gewerbssachen Justizsachen seyen? Vorrede zu Bohonovskys: Von dem Rechte des Regenten, Gesetze über bürgerliche Rechtsverhältnisse abzuändern. Landshut 1803.
7. Teutsches Staatsrecht. Landshut 1804.
8. Über die Notwendigkeit eines Staatsschatzes staatswissenschaftlich und juristisch erwogen. Landshut 1804.
9. Über die Nothwendigkeit einer Verbesserung der Ansicht vom Staate und über den Einfluſs dieser Reform auf Geschichte, Politik, Statistik, Staatswirtschaft und Völkerrecht. Landshut 1805.
10. Bericht an den kaiserlichen Reichshofrat von Seite des regierenden Herrn Herzogs von Sachsen-Coburg-Saalfeld wider die Landstände des Fürstenthums Coburg. 1805.
11. Über den Umsturz der deutschen Staatsverfassung und seinen Einfluſs auf die Quellen des Privatrechts in den neu souverainen Staaten der rheinischen Conföderation. 1807.
12. Der Staatsdienst aus dem Gesichtspunkt des Rechts und der Nationalökonomie betrachtet. Landshut 1808.

Nibler, Joh. Bapt. (Als Schüler Gönners!): Der Staat aus dem Organismus des Universums entwickelt. Landshut 1805.

Kant, Imman.: Metaphysische Anfangsgründe der Rechtslehre. Königsberg 1798.

Pütter, Joh. Stephan: Beyträge zum Teutschen Staats- u. Fürstenrechte. Göttingen 1777.

Häberlin: Handbuch des Teutschen Staatsrechts. Frankfurt und Leipzig 1794.

Leist, Justus Christoph: Lehrbuch des Teutschen Staatsrechts. Göttingen 1803.

Rainer, G. L.: Allgemeine Rechtslehre nach Kant. Landshut 1802.

Epplen, Jos. Fr. H.: Über das Prinzip der deutschen Territorialverfassung. Frankfurt 1803.

Butte.: Versuch der Begründung eines endlichen und durchaus neuen Systems der Polizeywissenschaft. 1807.

v. Drais: „Wie fern läſst sich die Polizey definieren?“ Blätter für Polizei und Kultur 1803.

Stephani, H.: Über die absolute Einheit der Kirche u. des Staates. Würzburg 1802.

Jäck: N. Th. Gönners Biographie. Erlangen 1814.

Literatur.

Bechmann, August v.: Der churbayerische Kanzler Alois Freiherr von Kreittmayr. Akademische Festrede. München 1896.

Bornhak, Konrad: Allgemeine Staatslehre. Berlin 1896.

Bluntschli, J. K.: Geschichte der neuen Staatswissenschaft, allgemeines Staatsrecht und Politik. München 1881.

Brie, Siegfried: Der Bundesstaat. Leipzig 1874.

Dock, Adolf: Der Souveränetätsbegriff von Bodin bis zu Friedrich dem Groſsen. Straſsburg 1897.

Friedberg, Emil: Die Gränzen zwischen Staat und Kirche. Tübingen 1872.

Funk, Fr. H.: Die Auffassung des Begriffes der Polizei im vorigen Jahrhundert. Zeitschrift für die gesamte Staatswissenschaft. Bd. XIX.

Gierke, Otto: Johannes Althusius u. die Entwicklung der naturrechtlichen Staatstheorien. Breslau 1880.

— Die Grundbegriffe des Staatsrechts u. die neuesten Staatsrechtstheorien. Zeitschrift für die gesamte Staatswissenschaft. Bd. XXX. 1874.

— Das deutsche Genossenschaftsrecht. Bd. III. Berlin 1881.

Hancke, E.: Bodin. Eine Studie über den Begriff der Souveränetät. Breslau 1894.

Jellinek, G.: Das Recht des modernen Staates, I. Bd. Allgemeine Staatslehre. Berlin 1900.
— Gesetz u. Verordnung. Freiburg 1887.
Juraschek, Franz von: Personal- u. Realunion. Berlin 1878.
Kautz, Julius: Die geschichtliche Entwicklung der National-Ökonomik u. ihrer Literatur. Wien 1860.
Krieken, Alb. Th. van: Über die sogenannte organische Staatstheorie. Leipzig 1873.
Landsberg, Ernst: Geschichte der Rechtswissenschaft. 1898. Bd. 3.
Landmann, Max: Der Souveränetätsbegriff bei den französischen Theoretikern. Leipzig 1896.
Marchet, Gustav: Studien über die Entwicklung der Verwaltungslehre in Deutschland. München 1885.
Mejer, Otto: Einleitung in das deutsche Staatsrecht. Freiburg 1884.
Mohl, Robert v.: Encyclopädie d. Staatswissenschaften. Tübingen 1872.
— Die Geschichte und Literatur der Staatswissenschaften. Erlangen 1855.
— Die Polizei-Wissenschaft nach den Grundsätzen d. Rechtsstaates. Tübingen 1866.
Prantl, K. von: Geschichte der Ludwig-Maximilians-Universität. Band I.
Rehm, Hermann: Geschichte d. Staatsrechtswissenschaft. Freiburg 1896.
— Allgemeine Staatslehre. Freiburg 1899.
— Die rechtliche Natur des Staatsdienstes nach deutschem Staatsrecht. München 1885.
Schulze, Herm.: Einleitung in das deutsche Staatsrecht. Leipzig 1867.
Seydel, Max: Grundzüge einer allgemeinen Staatslehre. Würzburg 1873.
Sicherer, Hermann v.: Staat und Kirche in Bayern v. 1799—1821. München 1874.
Sohm, Rudolf: Kirchenrecht. 1. Bd. Leipzig 1892.
Stein, Lorenz v.: Die Verwaltungslehre. 2. Aufl. Stuttgart 1869.